オフ時間が
充実している

今どき家族の攻め間取り

はじめに

働き方が見直されつつある今
自分の時間や家族との時間を取りやすくなった方も多いと思います。
趣味に没頭したり、子どもと遊んだりと
暮らしの楽しみが広がったことで、家づくりにも変化が生まれてきています。

これまでの住宅といえば、子育てのしやすさや
生活動線のよさに重きを置くことが定番でした。
最近はその工夫だけでなく
プライベート時間を楽しむためのアイデアも盛り込まれるように。
たとえば、別荘のような非日常を楽しみたい方は
インナーテラスと浴室を隣接させた
露天風呂のような空間をつくりました。
空を眺めながら心地いいバスタイムを満喫しているそう。

友人を呼んでにぎやかにすごすのが好きなご夫婦は
家のあちこちに座れる場所を設けました。
自由にくつろげて居心地がいいと、友人から好評だとか。
家にいながらキャンプ気分を味わいたい方は中庭のある家に。
近隣からの目を気にせず、好きな時にバーベキューができるそう。

この本では、そんなオフの時間を自分らしくすごす方の家を集めました。
建築士さんならではの解説を交えてご紹介しているので
家づくりに生かせるし
これまで定番や常識とされた住まいとはひと味違ったおもしろさがあるから
読むだけでも楽しい気持ちにしてくれます。
また、その工夫がみなさまに伝わりやすいよう、間取り図にも力を入れました！
各間取り図には暮らしている方も描かれているので、ぜひ探してみてください。

目次

PART 2

自分や家族との時間を楽しめる 間取りがおもしろい家

PART 3
家事や支度に時間をとられたくない! タイパのいい動線12

PART 1

今どき間取り新定番アイデア17

ライフスタイルの変化により、住まいの形も大きく変わりつつあります。
当たり前だった場所がなくなったり、逆に新たなニーズによって
これまでなかったようなコーナーが生まれたり。
そこで、今どきの住宅に見られる間取りの新定番をご紹介します。

監修「コラボハウス一級建築士事務所」

ひとりで静かにすごせる場所が欲しい

ヌックスペースをつくる

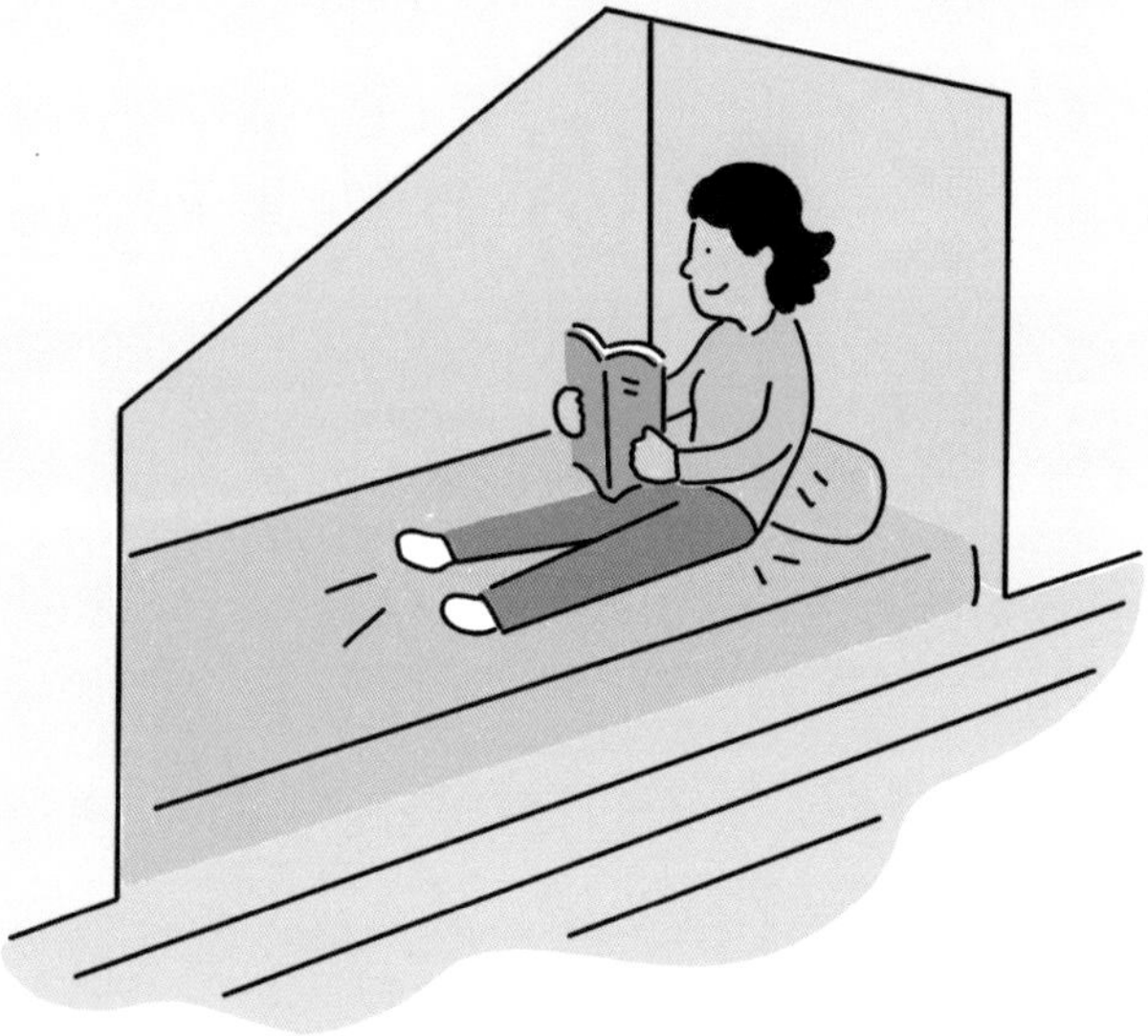

ヌックとは1・5〜2畳くらいの小さな空間のこと。クッションを置いて本を読んだり、マットレスを敷いて昼寝場所として使ったりと、ひとりで静かにすごしたいときに役立つスペースです。子どもがゲームをしたり、宿題をしたりと、キッズスペースとして使うのもあり。おこもり感を出すために、窓を設けないことも多いです。そのため、南側に配置すると窓を減らすことにつながり、家全体が暗くなってしまう可能性も。LDKや階段、個室などの主要な部屋の位置を決めたのち、階段下や部屋と部屋の間などにできた空きスペースをヌックとして生かしましょう。採光や動線はスムーズに、またコストには無駄が出ません。

食事時間を大切にしたい！

南に面したダイニングをつくる

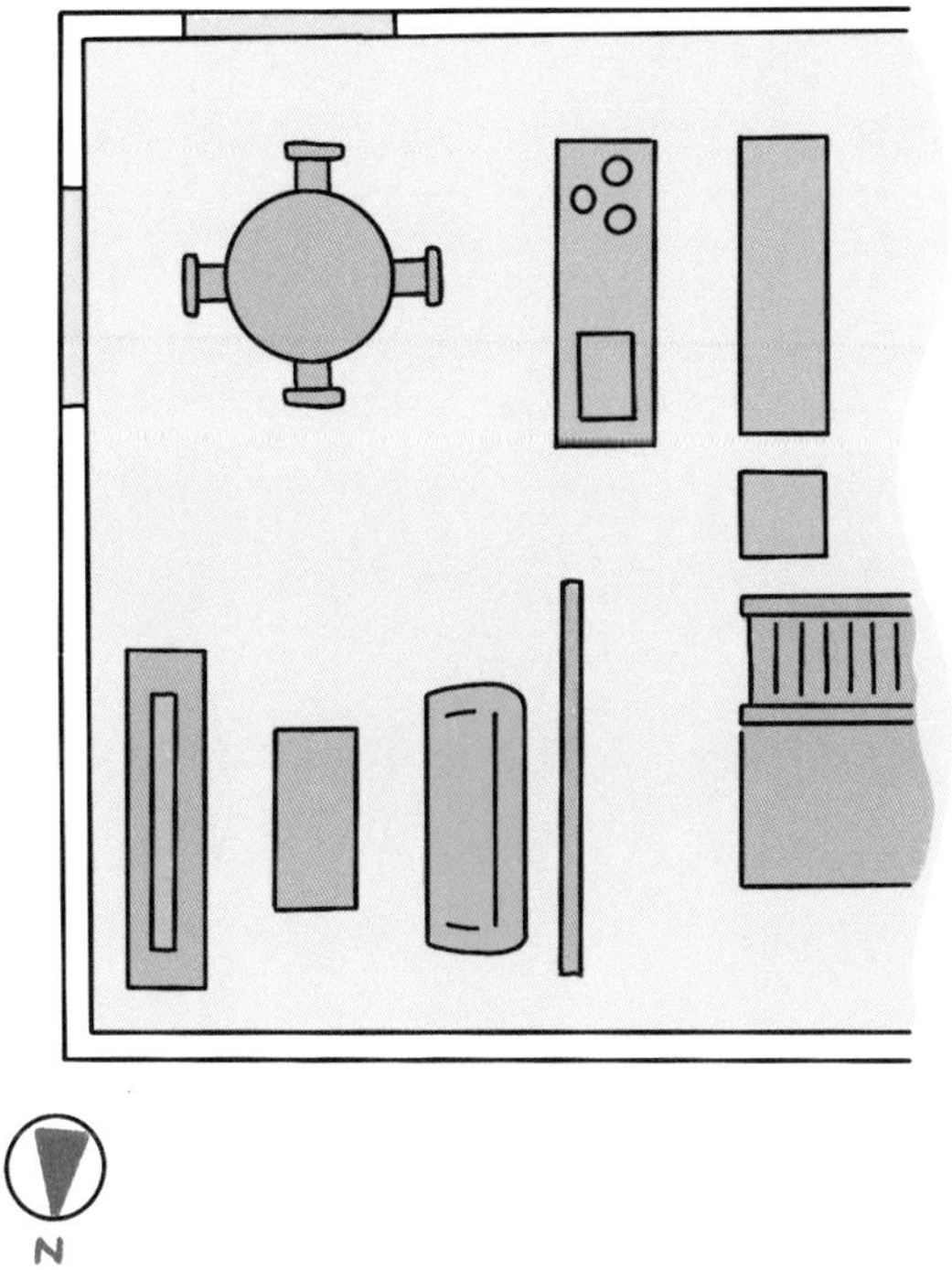

間取りをプランするとき、リビングを南側に置くのが当たり前のように思っていませんか？　家族でゆっくりとすごす場所に明るさは大切な要素ですが、共働きが多い現代ではリビングですごすのは夜がほとんどです。そこで、ダイニングを南側に配置するという選択肢もあります。家族が集まれる朝の時間に重きを置く人が増えていて、南側の明るいダイニングで、庭や外の風景を眺めながら楽しく食事することができます。その際、リビングはダイニングから少し離れた位置でもＯＫ。ほどよい明るさなので、「光でまぶしくてテレビが見えない」ということにもなりません。

映画をゆっくり観られるといいな

小屋裏空間にシアタールームを設ける

音楽のライブ動画や映画のなかには大音量で楽しみたい作品もありますよね。けれど、リビングなどのパブリックスペースで観る場合、音が気になります。そこで小屋裏部屋を設け、専用のシアタールームにするのがおすすめです。音を気にせず楽しめるうえ、窓が少ないためまぶしくならず、日中でも画面を見やすいという利点もあります。小屋裏部屋をとれない場合は、寝室をシアタールームとして兼用するのも方法です。北側に配置することが多く、窓を広くとることが少ないので、プロジェクターを投影するのにも向いています。ベッドに横になってゆったりと映画や動画を楽しみたい人にもぴったりです。

ゲームに集中できるスペースが欲しい

窓がない趣味部屋をつくる

ゲームといえば、以前はテレビの前に家族や友人が集まり、わいわいと遊ぶものでしたが、オンラインが主流となった今は、部屋にこもってひとりで遊ぶことが多くなりました。そのため、ゲーム部屋のニーズがふえています。暗い空間のほうが画面を見やすいので、窓がなくてもOK。広さは2畳あれば充分です。また、ギターやピアノなどの音楽部屋をつくる場合も、近所への音もれを防ぐために窓を設けないほうがいいでしょう。とはいえ、新鮮な空気を取り込みたくもなりますよね。そこで、中庭を設ける場合は、中庭に面した位置に小部屋をつくって窓を設ければ、近所の家への音もれは軽減されますよ。

室内で外遊び気分を味わいたい

土間を広げて趣味空間をつくる

間取りの常識が変わりつつある今、特に大きな変化を見せているのが玄関。靴を脱ぎ履きする役割の場所というだけでなく、土間としてスペースを広くとり、部屋のように活用する人がふえています。テーブルと椅子を置いてリビングのようにくつろいだり、子どもの遊び場に生かしたりと、多目的に使われています。また、土間なら床の汚れも気にならないので、水槽を置いて金魚を飼ったり、植物を育てたりする場所として活用する人も。基本的には土間にも断熱材を入れますが、玄関ドアの開閉によって外気の影響を受けやすいこともあり、冬場は寒くなりがち。床にラグを敷くなどの寒さ対策は必要です。

愛犬にも心地いい家にしたい

ペットが遊べる土間をつくる

巣ごもり需要もあって、ペットを飼う人がふえています。犬を飼っている場合、土間を設けるケースが増加。外に設けた洗い場で足を洗い、土間で足を拭き、室内へ上がるというふうに、散歩帰りの動線がスムーズです。トイレも土間に置いておけば汚れたときも水洗いしやすく、掃除がラク。猫を飼っている場合、吹き抜けにキャットウォークを設ければ、散歩コースが広がります。部屋から部屋へ移動しやすいよう、ドアを設けないという方法もありますが、クロゼットのように入られたくない部屋にはドアは必須。その場合、手をかけやすいレバー式の開き戸ではなく、一定の力が必要な引き戸がおすすめです。

マンガを読むのが大好き！

寝室にマンガ喫茶のような空間をつくる

マンガ好きな大人がふえています。読むのはもちろんですが、集めたマンガコレクションを一面に並べたいという願望もあります。そのため、本棚を設ける人が多いのですが、気にすべきはその場所。壁一面に並ぶマンガは迫力がありますが、家具や雑貨と合わせるのは難しく、インテリアにこだわりがある人や、生活感を隠したい人は、ＬＤＫやお客さまが通る廊下に本棚を設けるのは避けたほうがいいでしょう。おすすめは寝室。ベッド以外の家具が少なく、本棚を造り付けやすいという特徴があり、マンガ喫茶のように好きな本に囲まれているという幸せを味わえます。静かに集中して読めるよさもあります。

おうち居酒屋したいな

キッチンとは別にバーカウンターを設置

家に友人を招いて飲み会をしたり、おうち居酒屋を開いたり、家飲み人気が高まっています。そこでおすすめなのが、バーカウンターを設置すること。流し台を設けるほどではなく、小さなカウンターと椅子を用意するだけでOK。照明を落とし、BGMをかければ、バーのような雰囲気を演出できます。設置場所はお客さまと楽しむことが多いならLDKがいいですが、夫婦で楽しむなら寝室に設けるのもありです。その際、寝室の隣にバルコニーをつくり、屋外でもお酒を楽しめるようにすれば、リゾートホテルのような気分も味わえます。キッチンへの行き来が手間なので、予算に余裕があれば、水道管を引いても。

映画館のように映画を観たい

壁に余白をつくる

近年、脱テレビの家庭がふえています。代わりに人気を集めているのがプロジェクターです。据え置きタイプと天井づけタイプのものがありますが、取り入れる場合はいずれも、事前にプロジェクターを置く場所とどの壁に投影するかを決めておく必要があります。ドアや窓、家具はもちろん、スイッチプレートやコンセントもない壁をつくりましょう。また、動線も考慮すべきポイント。生活動線上に配置すると、鑑賞中に家族が横切ってしまうことも。リビングに置く場合は、プロジェクタースペースは部屋のすみがおすすめ。また、投影する壁は白色であれば、壁紙でも塗り壁でもロールスクリーンでもＯＫです。

スノーボードや釣りが趣味

屋外の洗い場と収納部屋をつなぐ

キャンプ、スノーボード、登山、釣りなどのアウトドアは、道具やウエアが汚れやすいので、毎回片づける前に洗う必要があります。そこで、アウトドアを趣味にもつ人は屋外スペースに水洗い場があると便利です。乾かす場所も近くにあるとなおよし。ポイントはしまう場所です。アウトドアグッズは大きくて重たいので、2階に収納場所を設けてしまうと、階段の上り下りが大変だし、壁や床にぶつけて家を傷つけかねません。そこで、玄関に収納スペースを確保しましょう。出し入れしやすくする工夫としては、土間仕様にして広くとり、オープンの収納スペースを設けること。または駐車場の近くに屋外物置を設置するのもおすすめです。

子どもと一緒に運動したい

吹き抜けをボルダリング仕様に

服装や場所を選ばず、すぐに始められるアーバンスポーツが人気ですが、そのひとつがボルダリング。家の中でも楽しめるよう、クライミングホールドを家に取り付ける人がふえています。押さえておきたいのが場所です。上に広い空間が必要なので、階段の吹き抜けをクライミングウォールとして利用するのがベター。また、壁の素材もポイントです。しっかり固定できるよう、補強された壁が必要になります。そのためホールドを取り付ける場合は事前に建築士に相談しましょう。また、床にクッションマットを敷いたり、高くまで設置する場合はトップロープを天井から下げて使用したりと、安全対策もお忘れなく。

リゾートホテルのラウンジに憧れる

中庭の間に渡り廊下を設ける

リゾートホテルや旅館を訪れたときに味わう非日常を、自宅で楽しみたいという要望がふえています。そこで、おすすめなのが中庭を2カ所設けて間に廊下を渡す間取りです。部屋と部屋をつなぐための廊下というより、幅を広くとり、テーブルや椅子を置いて、お客さまをもてなす客間として使うのがおすすめです。両側の中庭から美しい光が入り、植栽を楽しみながら、贅沢な気分で会話を楽しめます。また、中庭を2カ所設けるのが難しい場合は1カ所にして、そこに隣接するように廊下を設けるのもあり。非日常気分を演出するために、生活感を感じるものが目に入らないよう、廊下の位置には気をつけましょう。

ヨガや外気浴を楽しみたい

プライベートテラスをつくる

外の風や光を直接感じながら、ヨガや外気浴ができると気持ちいいですよね。けれど、まわりの目が気になってなかなかリラックスしてすごせない、という人も多いと思います。そんな悩みを解決してくれるのがプライベートテラスです。2階に設けて、周囲を高い手すりなどで囲み、通行人や隣家から中を見られないようにする完全にプライベートな屋外空間のことです。一般的なテラスとは違い、部屋のようにすごすことを想定して、広さは6畳ほどとると、幅や奥行きのバランスもよく開放的です。平屋の場合は中庭をプライベートテラスとして活用できます。

庭がとれないけどガーデニングはしたい

屋上に植物のための空間をつくる

家づくりの楽しみで多いのがガーデニングです。けれど、土地が狭くて、ガーデニングを楽しむために必要なスペースをとれないことがあります。また、高い建物に囲まれた土地では、日当たりが悪く、植物が育ちにくいというケースもあります。そういう場合は、屋上をガーデニングスペースとして生かすのがおすすめ。屋上なら日当たりも風の通りもよく、植物にとってはいい環境。ただし、土を敷いて地植えするには、建物自体に根に耐えられる層をつくる必要があり、コスト高になりやすいため、鉢植えがおすすめです。その際、屋上に水道管を引くことをお忘れなく。日ざしが強い場合は日よけシェードの検討も。

入浴気分を盛り上げたい

風呂場に外とのつながりをつくる

星空や庭を眺めながら入浴できると、バスタイムがより心地いいものになりますよね。そこで、外と距離が近い浴室をつくることをおすすめします。星空を眺めたい場合は2階に浴室を配置します。空を眺めやすいよう、窓はサイズの大きなものにして。また、費用は高くなるものの、ユニットバスではなく、オーダーで浴室をつくり、天窓を採用するのもいいでしょう。庭を眺めたい場合は1階でOK。隣家からの視線が入らないように、浴室の窓のまわりに常緑樹を植えたり、浴室用ブラインドを設置したりなどの対策が必要。また、FIX窓や防犯ガラスなど、防犯性の高い窓を採用するとより安心です。

旅館のような贅沢気分を味わいたい

露天風呂・サウナをつくる

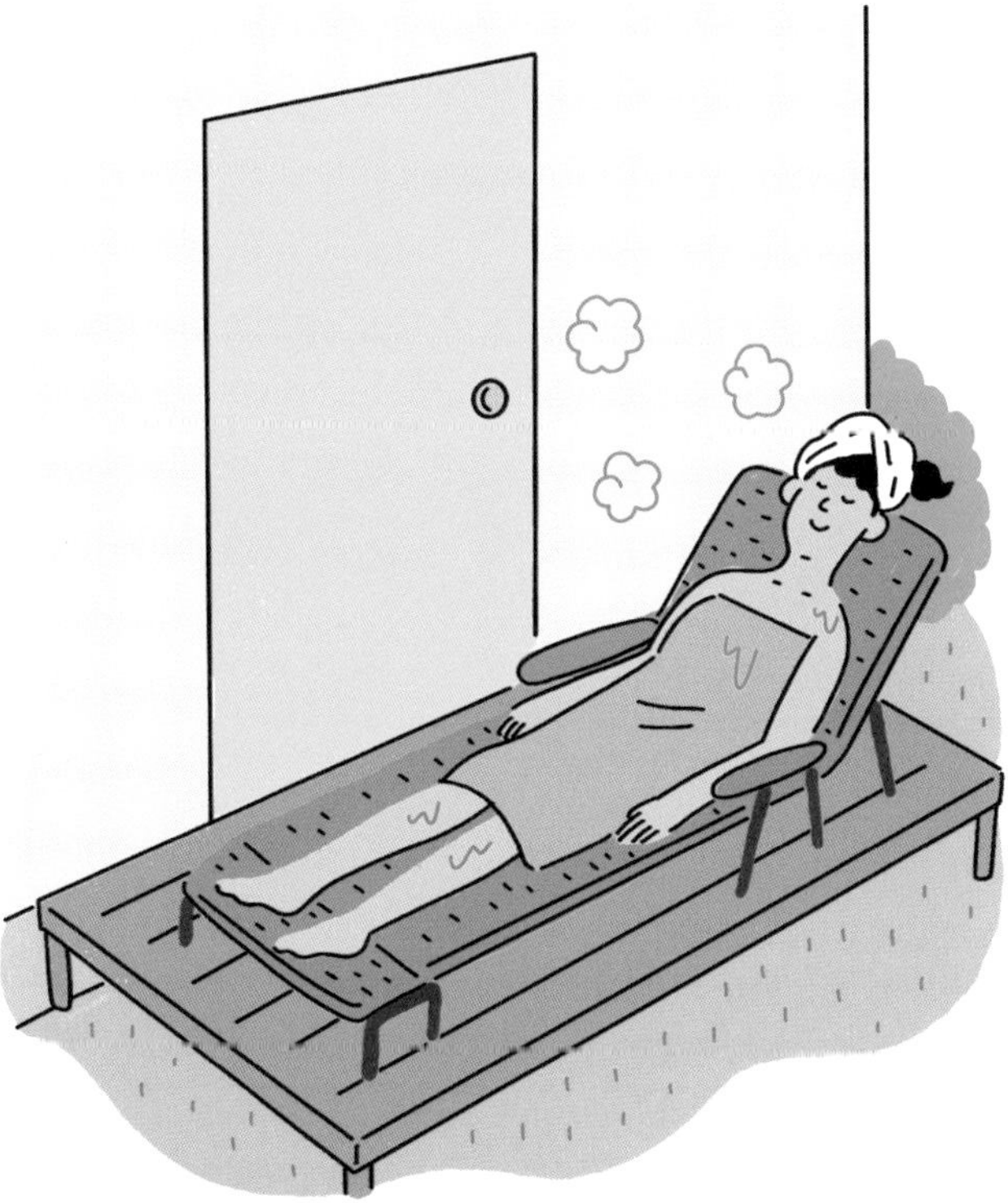

自宅に露天風呂があると、毎日の入浴時間が贅沢なものになりますよね。石を組んで作るような本格的な露天風呂は費用が大きく上がるため、脱衣場に隣接した外部にウッドデッキを敷いて、その上にバスタブを置くスタイルなら予算は150万円ほど（設置費用別）で済みます。また、サウナも人気です。家庭用サウナは数十万円ほどで販売されており、予算やスペースに余裕がある人は取り入れてみるのもいいですね。その際も、外気浴用のウッドデッキをサウナ近くに設けることをお忘れなく。もしくは中庭をつくる予定があれば、そこを外気浴用のスペースに。中庭なら外からの視線も気になりません。

アウトドアグッズ用の置き場が欲しい

建物の外に収納を設ける

アウトドアグッズや子ども用プール、自転車のメンテナンス工具など、屋外で使うものは、屋外に収納スペースがあると出し入れがスムーズです。庭が広ければ物置小屋を置くことができますが、土地に限りがある場合は、建物の一部に外から使える外部収納をつくることをおすすめします。比較的安く済み、庭の美観も損ねないメリットがあります。ただし、外部収納を優先して間取りを考えるのはNG。室内に無駄なスペースが生まれてしまいやすくなります。間取りを考えたのちに、室内の階段下スペースなどにできたデッドスペースを外部収納として利用したほうが、無駄のない間取りになります。

PART
2

自分や家族との時間を楽しめる

間取りがおもしろい家

趣味や家族・友人との時間を思いきり楽しむために
間取りを工夫した住宅実例をご紹介します。
建築士さんの解説もご紹介していますので
マイホームを建てる際の参考にしてみてください！

【本書に登場する用語集】

L／リビング
D／ダイニング
K／キッチン
WIC／ウォークインクロゼット
WTC／ウォークスルークロゼット
CL／クロゼット
SC／シューズクローク
P／駐車場
洗／洗濯機
冷／冷蔵庫

オフ時間を
楽しめる家
01

ガーデニングやDIYをゆるく楽しみたい

室内のような屋外空間がある家

内田さん邸

OWNER'S VOICE

外とシームレスでつながるオープンな家を目指しました

内田さんが暮らすのは自然豊かな街。自然をそばに感じながら、オンオフの切り替えがしやすい家を目指したそう。その核となるのが仕事場でもある土間です。靴で上がれる土間にすることで、生活空間と、しっかり分けました。土間から続くのは屋根のあるテラス。ここでは子どもたちが遊んだり、家族でごはんを食べたり、趣味のＤＩＹをしたりと家族が思い思いにすごします。「四季折々で異なる風景を望め、気持ちよく仕事ができています」と内田さん。仕事と日常生活がシームレスにつながる間取りが、充実した暮らしを送れる源になっているようです。

FLOOR PLAN

夫婦と子ども2人が暮らす内田さん邸。趣の違う平屋と2階建てが合体したような個性的な外観が特徴。約11畳の土間に加えてテラスもしっかりスペースをとり、外とのつながりをもたせています。

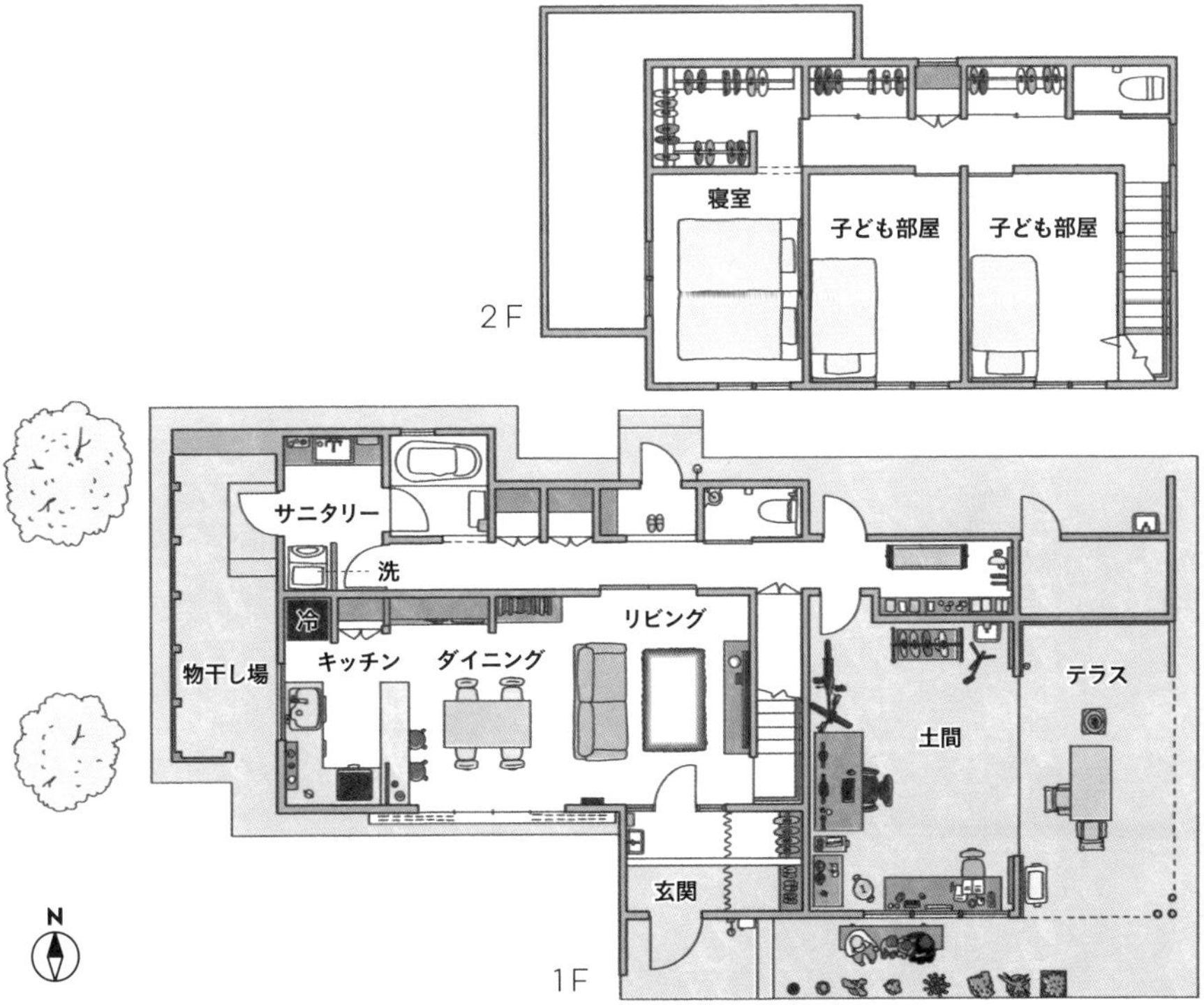

住宅DATA

竣工：2021年3月
延床面積：135.38㎡（40.95坪）
（1階／85.70㎡　2階／49.68㎡）
構造・工法：2階建て（木造軸組工法）
設計・施工：HUGHOME

土間スペースは仕事場兼アウトドアグッズのお手入れ場

自宅とオフィスを兼ねる内田さん邸は、土間スペースが仕事場。建物の東側に位置し、リビングから廊下を通って入ります。仕事のスイッチが入るように床をモルタルで仕上げたのがポイント。多少の汚れも気にならないので、オフの時間はスノーボードにワックスをかけるなど、アウトドアグッズのお手入れをする作業場としての顔もあります。

土間スペースへと続く廊下の床もモルタル仕上げ。アウトドアグッズの収納棚もあります。外へとつながるドア（写真左）も設けたので、荷物の出し入れがスムーズ。

土間スペースは子どもがゲームをしたり、勉強したりする場所としても活躍。

軒を広くとりベンチを置いて憩いの場として活躍

屋外の南側にも家族の憩いの場があります。家族が座るベンチは、建築の際に余った構造材を使って、大工さんが作ってくれたそう。休憩したり、荷物置き場に使ったりと重宝しています。また、軒を深くとったことで、雨の日でもぬれずに済みます。予算をあまりかけずに半屋外にくつろぎ場をつくりたいときに、参考になるアイデアです。

POINT

玄関に設けるシンクはデザイン性を大切に！

最近の住宅でよく見かける、玄関に手洗い場を設ける間取り。お客さまの目にも触れやすい位置にあるので、デザイン性の高いシンクや水栓金具を選んで。

ベンチに座って、庭で遊ぶ子どもや愛犬を眺めるのが楽しみだそうです。

生活動線をよくするため サニタリーに物干し場につながる 勝手口を設けました

サニタリーの勝手口を出ると、洗濯物干しスペースがあります。外から見えないように目隠しの壁や屋根を設けているので、安心して干せるそう。

キッチンは動きやすさを考慮してL型に。体の向きを変えるだけで料理ができます。カウンターはお酒を収納したり、バー感覚で飲んだりするのにちょうどいいとか。

オフ時間を楽しむために、家事にあまり時間はかけたくないもの。そこで、間取りを考える際、家事動線をよくするための工夫も必要です。内田さん邸では、屋外の洗濯物干しスペースに隣接するようにサニタリーを配置しました。家族4人分のたくさんの洗濯物を、洗ったらすぐに干せるから助かっているそうです。

COLUMN

個室にクロゼットがなくても すっきり保てる

共用スペースに クロゼットがあることで 片づけが習慣化されます

個室をつくる際、クロゼットもあわせて用意するのが一般的です。でも、ある建築士が実際に暮らしている人たちにヒアリングしてみたところ、個室のクロゼットをフル活用している人より、持て余している人のほうが多かったそう。そこで、個室には日用品などをしまうための必要最小限の収納スペースを確保しておき、服は家族全員分のものを集約できる大型クロゼットを用意し、そこにしまうという手もあります。個室が服で散らかることがなく、見た目もすっきりします。

光と風を心地よく感じる浴室を設けた家

小松さん邸

OWNER'S VOICE

初めての訪問者には必ず驚かれます

小松さんが目指したのは、非日常が味わえる〝別荘のような家〟。その象徴が、家の中でいちばん日当たりのいい場所に設けたインナーテラスです。窓から日ざしがさんさんと入り、ヨガをしたり、ギターを弾いたり、ごはんを食べたりと、その時にしたいことを気の向くまま楽しんでいるそう。隣には別荘気分が味わえる勾配《こうばい》天井の開放的な浴室を配置。「浴槽にクッションを持ち込んで、お昼寝することもあります」と小松さんはどこまでも自由。家の特等席にリビングではなく、使い方に制限がない空間をつくった小松さんの大胆な発想に、暮らしを自由に楽しむヒントが詰まっています。

FLOOR PLAN

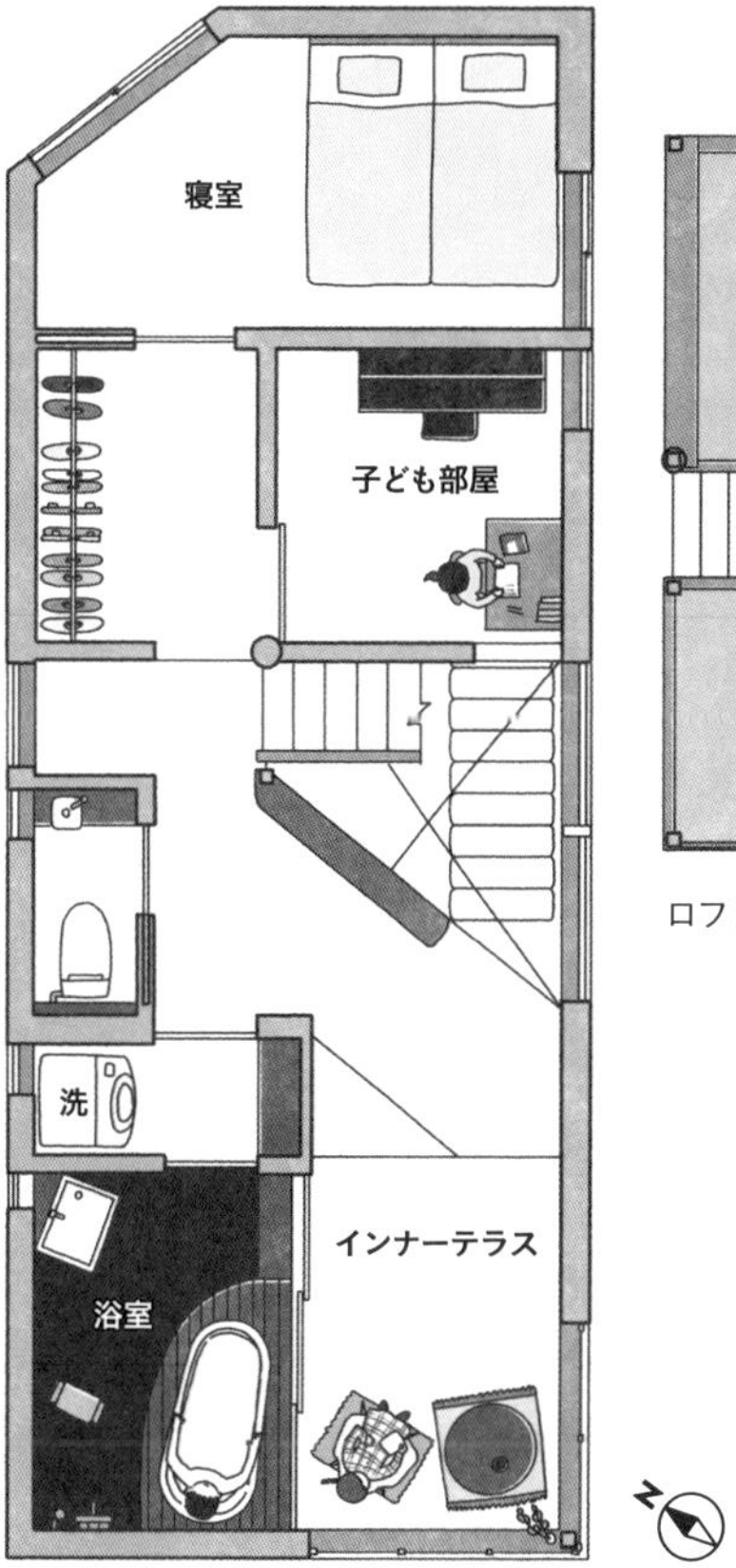

2F

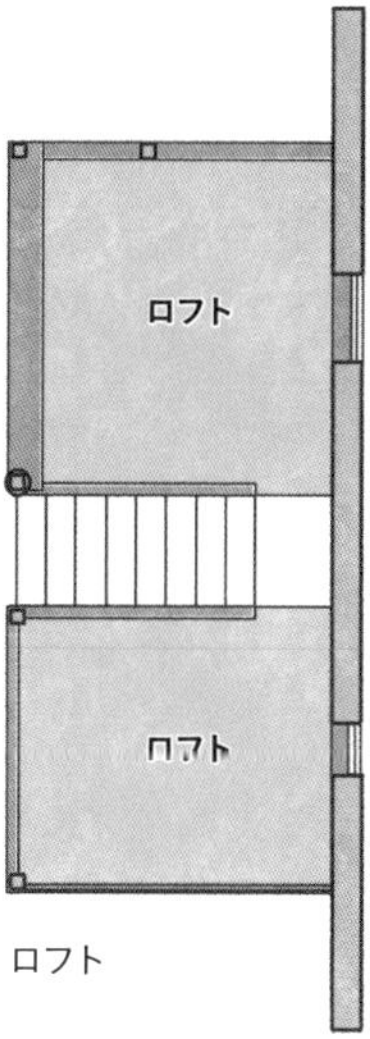

ロフト

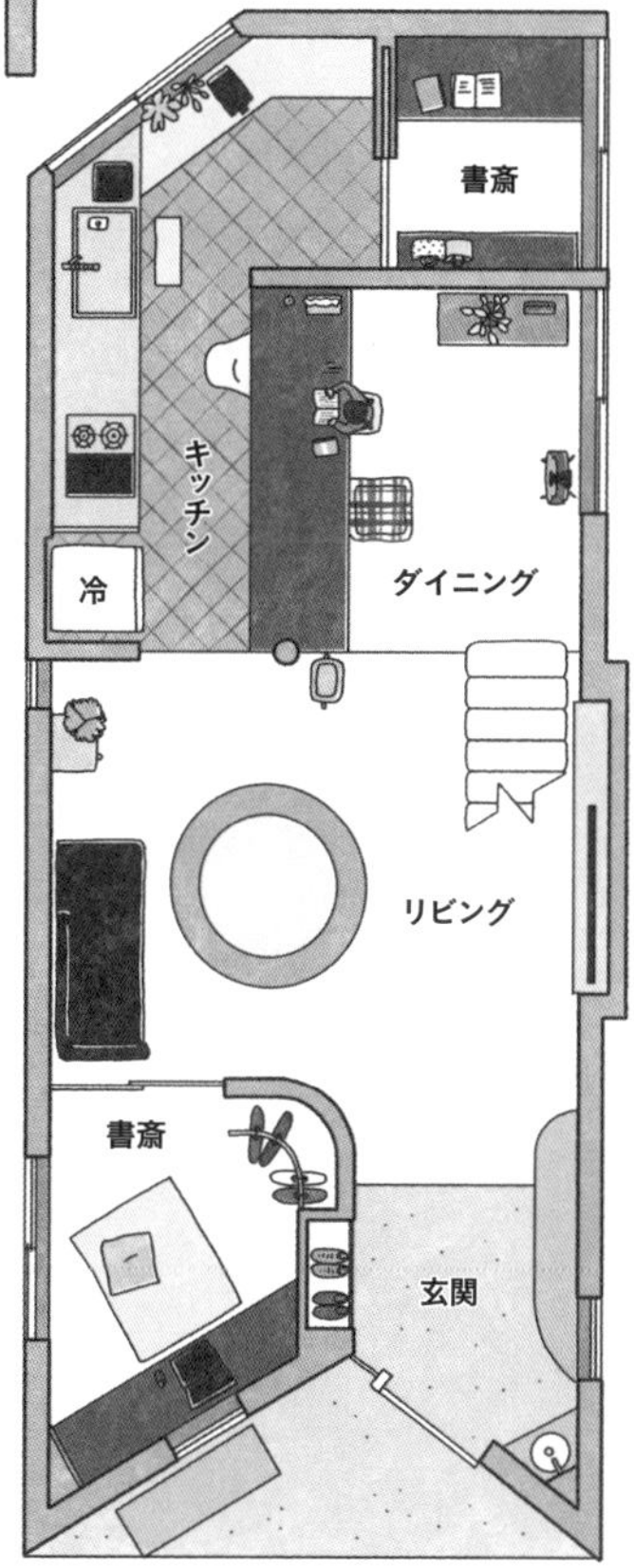

1F

夫婦と子ども2人、犬が暮らす小松さん邸。延べ床面積約29坪という限られた空間のなか、クロゼットは1カ所のみ、洗濯物干し場は省いて、インナーテラスと浴室にスペースをとりました。

住宅DATA

竣工：2022年10月
延床面積：96.25㎡（29.11坪）
（1階／41.49㎡　2階／42.43㎡
ロフト／12.33㎡）
構造・工法：2階建て（木造軸組工法）
設計：ニコ設計室
施工：宮嶋工務店

引き戸を開ければ隣のテラスとつながりが生まれ露天風呂のような空間に

テラスから浴槽にかけて使っている床材は耐水性・耐久性の高いイペ材。壁面には木の香りが心地いいヒバ材を用いています。

露天風呂のような心地よさを味わえる空間を、浴室とインナーテラスを隣接させることで実現させました。浴槽の上部とテラスの床の高さをそろえてつながりをつくり、勾配天井に高窓を設けて開放感を演出。オープンテラスには開閉できる窓を取り付けたので、風を得られます。天井のトップライトからは夜空を眺められ、まるでリゾート気分です。

住宅密集地に立つ小松さん邸。入浴時はインナーテラスの窓にカーテンをかけたり、浴室の引き戸で目隠しするそう。

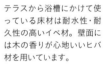

インナーテラスの床下には防水処理を施しています。多少の水もれなら大丈夫だそうで、夏はプールを出して子どもたちと遊ぶそう。

家のあちこちに段差をつくることで座る場所が生まれます

来客が多いという小松さん邸。多いときは10人以上が一緒に訪れることもあるとか。コンパクトなスペースでもくつろげるよう、キッチン、リビング、ダイニングの境に、ベンチとしても活用できる段差をつくりました。高低差ができることで、空間にメリハリが生まれる利点も。また、リビングの階段も座れる場所として生かしているそうです。

「イームズ」の古いテーブルとチェアが似合うリビング。奥の引き戸を開けると、ご主人の書斎があります。今は受験を控える子どもの勉強部屋としても活躍。

ダイニングとキッチンの段差を椅子代わりにして、カウンターテーブルで食事をします。

カウンターテーブルは配膳しやすく料理の作業台としても重宝

造作のキッチンにはガスコンロとIHコンロの両方を設置。IHコンロはお手伝い好きの子どものために設けたそうです。

家族やたくさんのお客さまをもてなしやすいよう、キッチンのすぐ背面にカウンターテーブルを造作。幅273cm×奥行75cmと、料理をたくさん並べられるサイズが魅力。キッチンとの距離が近く、料理しながら会話を楽しめます。また、カウンターテーブルが作業台や食材の一時置き場としても使えるのがうれしい点。書き物をしたり、子どもが宿題をしたりと、さまざまなシーンで役立ちます。

キッチンを進むとパントリーがあり、その先に奥さまの書斎があります。静かに本を読むのにちょうどいい、おこもり感です。

オフ時間を楽しめる家

03

木々を眺めながらゆっくりしたい

玄関とリビングを合体した外を身近に感じやすい家

Yさん邸

OWNER'S VOICE

広さより家族とのつながりを優先した間取りに

マイホームを建てる前は、いろいろな賃貸住宅に住んでいたというYさん夫婦。どの家も暗くて風の通りが悪いのがストレスだったため、開放的で明るい家を目指しました。そこで考えたのが、玄関とリビングをひとつの空間としてまとめること。スペースに無駄が生まれず、リビング以外の部屋を広くとれることにもつながります。リビングは南西に位置しながら3方向に窓があるため明るく、外とのつながりを感じるのも魅力。また、片流れ屋根を採用したことで、リビングからキッチンに向けて天井が高くなり、開放感も生まれました。ご主人の希望でつくった趣味部屋やガレージもあり、家での時間が楽しみなものに。

FLOOR PLAN

夫婦と子どもが暮らすYさん邸。コンパクトな平屋ながら不要な空間を省くことで、3部屋に加えてガレージまでつくることができました。土間と高さをそろえたウッドデッキにより、リビングと屋外につながりが！

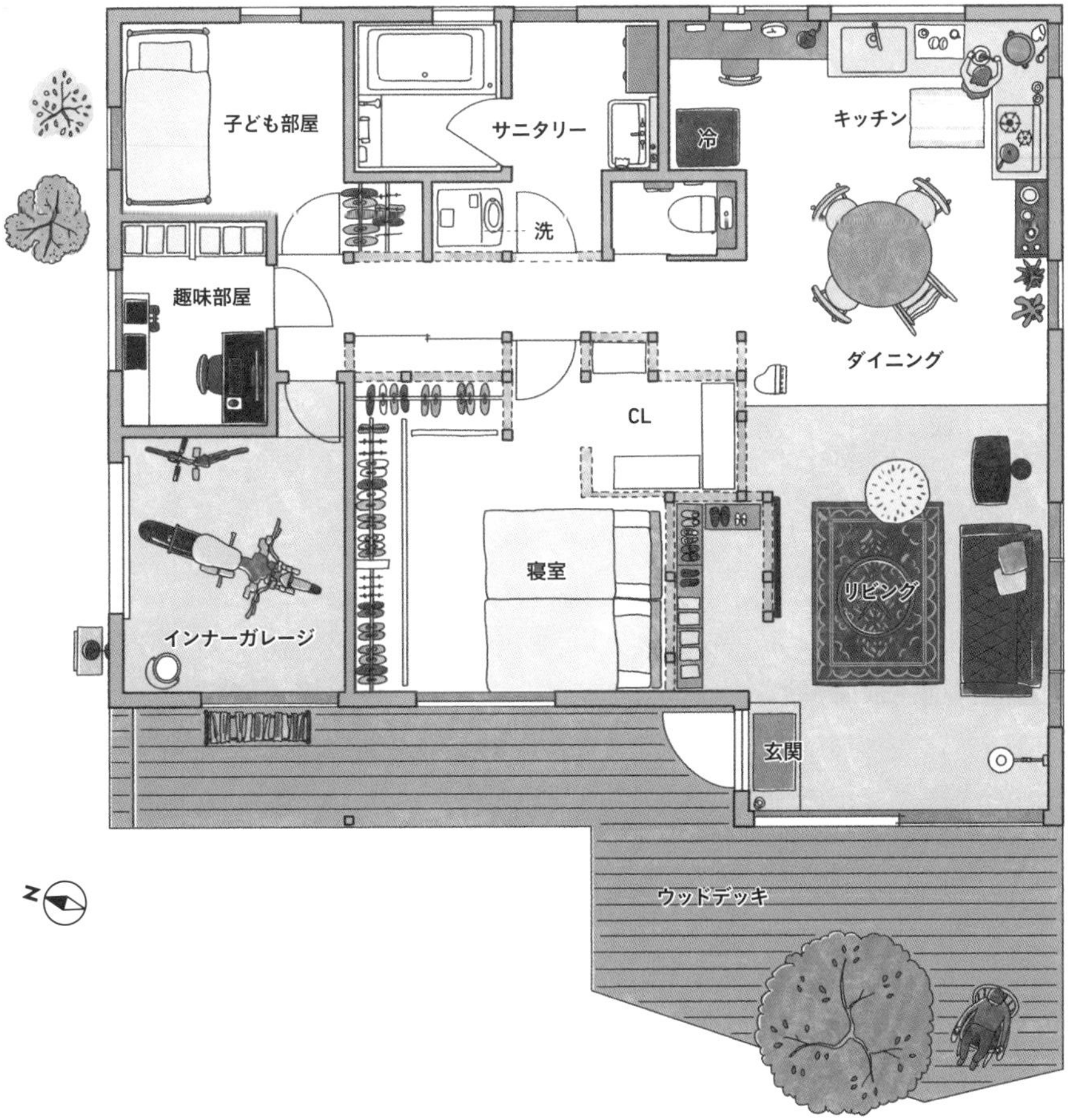

住宅DATA

竣工：2022年9月
延床面積：90.67㎡（27.42坪）
構造・工法：平屋（木造軸組工法）
設計・施工：オレンジハウス

リビングの西側一面を窓にすることで借景の緑を存分に楽しめます

土間は断熱材のおかげで冬でも素足ですごせるそうです。薪ストーブ「ヨツール」は暖をとるだけでなく癒やしの役割も。

手すりにはテーブルとして使えるカウンターを設けました。チェアの奥にある木は家を建てる前から植えられていたそう。マイホームの植栽として生かすため、ウッドデッキを一部くりぬきました。

土地を選ぶ決め手にもなったのが隣接する敷地の木々。自然とのつながりを求めていたYさんの希望にこたえるべく、リビングをこの木々に向けて配置することを設計士が最初に決めたそうです。壁一面を窓にしたので、美しい借景を存分に楽しめます。外からの視線が入らない位置なので、カーテンをつけず、絵画のような美しいコーナーになりました。

窓付き玄関ドアを採用 道路から死角になるため通行人の視線をカット

窓付きの玄関ドアを採用したYさん邸。帰宅時に家の様子がわかる安心感や、抜け効果で開放感が生まれる一方、外からの視線が気になりそうです。そこで、Yさん邸では道路から奥まった位置に玄関を配置して、外部から視線が入らないようにしました。防犯対策として、防犯フィルムを張ったり、格子を採用するなどの方法もあります。

帰宅時は玄関アプローチを進み、ウッドデッキを通り、玄関に入るという動線。「軒を深くとっているので、雨の日は助かります」

玄関ドアはひと目ぼれしたという「プロファイルウインドー」の製品。玄関右側にシューズクロゼットを隠すように配置。

キッチンは「ウッドワン」のスイージーNZ20。壁面に長窓を設けたので、外の植栽を眺めながら料理ができるそうです。

L型のキッチンは動きが少なくて済むから忙しい日でも手の込んだ料理を作れます

最近、壁づけキッチンを選ぶ人がふえています。子育て世帯には対面キッチンが主流ですが、配膳や片づけがしにくいというデメリットがあります。その点、壁づけキッチンは振り返るだけで配膳や片づけができるので、動きが少なくて済みます。また、テーブルを作業台や食材の一時置き場として使うことができるのもメリット。キッチンをL型にしたことでシンクからコンロへ移動する距離が短いのでラクです。手の込んだ料理に挑戦する余裕もできたそう。

POINT

流し台の並びにワークデスクを配置

流し台の隣に造作のカウンターデスクがあります。これは子どもが就学した際、ここで宿題をする想定で設けたそう。並びで作ることで、壁づけキッチンのデメリットである家族の気配を感じにくいという悩みを解決してくれます。

インナーガレージを採用 隣に設けた趣味部屋に開閉式の窓をつけることで空調問題も解決

建物の正面にインナーガレージを配置。OSBボードの壁面によって、カッコいい空間に。

バイクや自転車好きのご主人が憧れていたインナーガレージを設けました。インナーガレージを検討する際、考慮したいのが空調です。快適にすごせるよう、エアコンは設置するべきですが、コストがかかります。Yさん邸では隣にエアコン付きの趣味部屋を設け、ガレージとの壁に開閉式の窓をつけて、冷暖房を取り込めるようにしました。

壁の上部にある窓の先に趣味部屋があります。また、室内から直接アクセスできるよう、ドアでつなげました。

COLUMN

今どき世帯には平屋が人気！

間取りの自由度が高く家事の負担も少ない

住宅不況といわれるなか、年々着工軒数を伸ばしているのが平屋です。平屋と聞くと、「サザエさん」に登場するような昭和レトロで細切れの間取りの家をイメージしがちですが、今の平屋はまったく違います。LDKがひとつの空間にまとまり、開放的な気持ちよさを感じられます。腰高窓に加えてトップライトや高窓などが合わさり、どの部屋にいても心地いい光や風が入ります。また、ワンフロアなので、家族の気配を感じられ、階段の上り下りがないから、年を重ねてからも住みやすいのも特徴。左ページでは平屋のさらなる魅力をご紹介します。

【平屋のいいところ】

1 大空間をつくりやすい

建物にかかる荷重が少ないので、2階建てにくらべて柱や壁の数が少なくて済み、大きな空間をつくりやすいのが特徴。高さや横の広がりをつくれ、メリハリが生まれます。

2 快適な温度をつくりやすい

空間に高さがあるほど上下の温度差ができやすくなりますが、ワンフロアの平屋はその差が小さいので、室内は一定の温度を保ちやすく、一年じゅう快適にすごせます。

3 外観にこだわれる

横に長く伸び、重心位置の低い外観は落ち着きがあって美しく、すっきりとして見えます。大きな窓や屋根を採用しやすく、個性を出しやすいのもよさです。

家に友人を招きたい

好きな場所に好きに座れる家

赤松さん邸

OWNER'S VOICE

友人がくつろぎやすい家を考えました

自然との距離が近いことを条件に土地を探し、ようやく見つけたのが田畑が広がる自然豊かな場所。その風景を家のさまざまな場所から望めるように間取りを計画し、マイホームを建てました。家づくりでは、〝くつろぐ〟ことにもこだわった赤松さん。賃貸暮らしだった以前は家に友人を呼ぶより、遊びに行くことが多かったそう。そこで、新居では友人を招き、くつろいでもらえるよう、座る場所をあちこちに設けました。「人によって座りやすさは違うので、落ち着く場所を友人自身に選んでもらえるといいなと思います」と奥さま。そんな工夫は家族ですごすときにも役立っているそうです。

FLOOR PLAN

夫婦と子ども2人が暮らす赤松さん邸。家の中央に設けた階段を境に南側にLDK、北側にサニタリーや収納を配置した来客時に生活感が見えにくい間取りです。1階ですごす時間が長いため、2階はシンプルに。

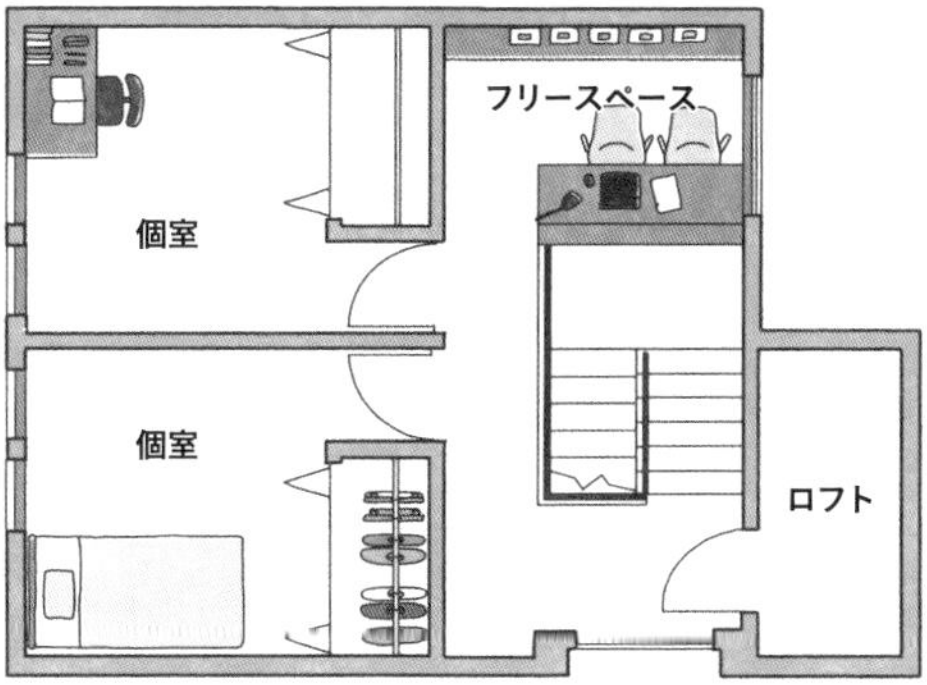

2F

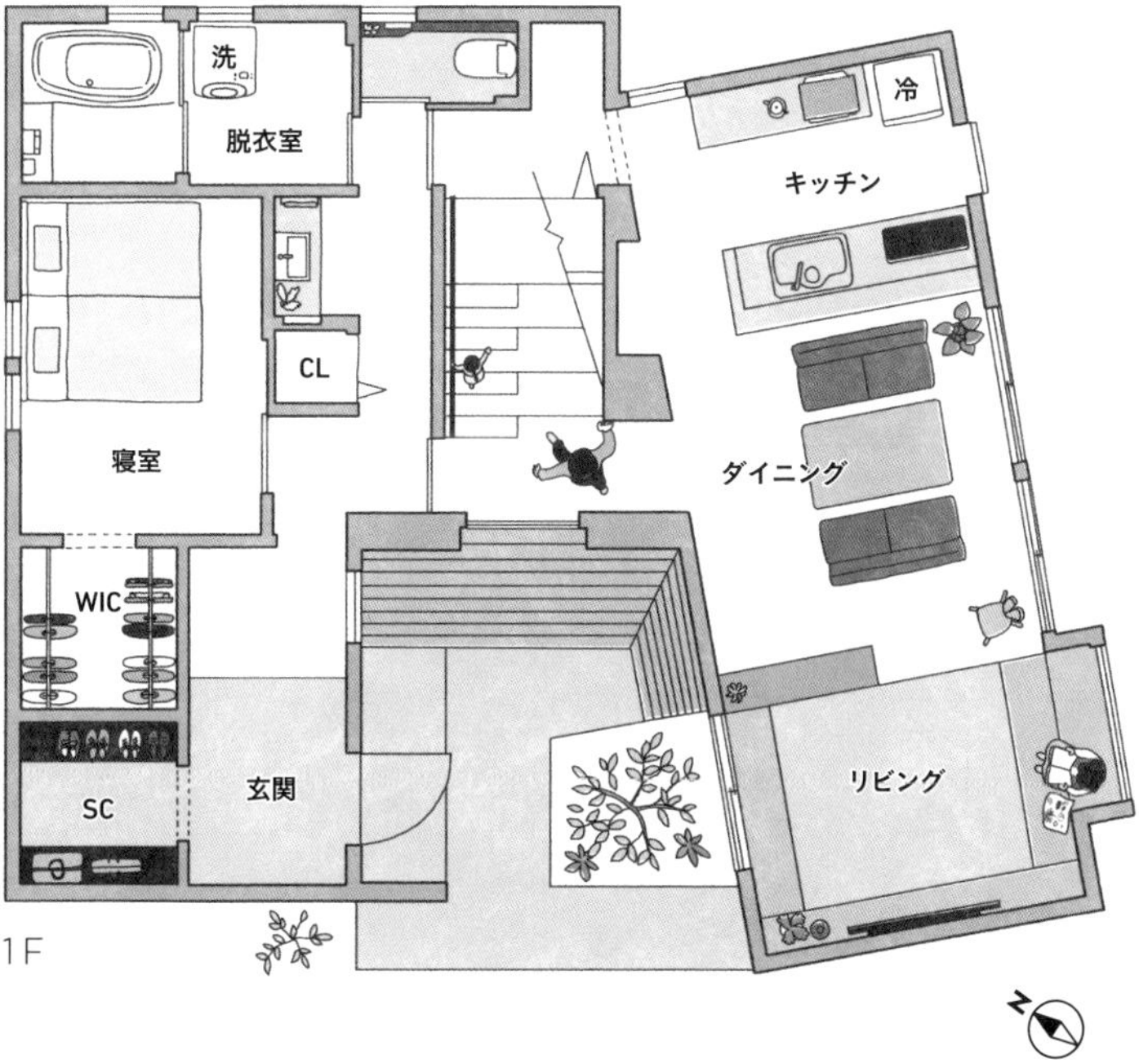

1F

住宅DATA

竣工：2020年7月
延床面積：121.66㎡（36.80坪）
（1階／83.50㎡　2階／38.16㎡）
構造・工法：2階建て（木造軸組工法）
設計・施工：コラボハウス一級建築士事務所

座ってくつろぐ場所が家の内外に4カ所あるのでおうち時間のマンネリを解消しやすい

「家時間は楽しいけど、いつも同じ空間にいると飽きる……」という人もいます。そのマンネリを解消するための工夫としておすすめなのが、座る場所を複数設けるというアイデアです。景色が変わるだけで、気分をリフレッシュできて、趣味や遊びを新鮮な気持ちで楽しめるようにと計画しました。赤松さん邸ではリビングをダウンフロアにして、自由にくつろげるようにしました。階段や玄関アプローチなどにも座れるスペースを設けたので、場所ごとにさまざまな景色を楽しめます。

座る❶
階段

階段の幅を広くとり、一部を階段2段分の高さに。一般的な椅子の高さと同じ約40cmなので、座るのにぴったり。絵本の読み聞かせ場として活用しています。

座る❷
リビングの窓

奥行きを深くして、腰かけられるようにした出窓。「コーヒーを飲んだり、夜は子どもと一緒に星空を眺めています」と奥さま。

座る❹
玄関アプローチ

玄関アプローチに設けたウッドデッキでは、子どもたちが座り、シャボン玉をして遊ぶのに活躍。時間があるときは、ここでごはんを食べることも。

座る❸
2階のフリースペース

今はご主人の書斎として使い、子どもが就学したら勉強スペースとして活用する予定。テーブルの正面と左側に設けた窓からはのどかな田畑の景色を望め、癒やされるそう。

縁側でのんびりくつろぎたい

旅館のような 離れの和室がある家

秋山さん邸

OWNER'S VOICE

2年をかけて土地を探したかいもあって理想の暮らしが手に入りました

秋山さんが家づくりのテーマにしたのは〝家っぽくない家〟。美術館のような非日常を味わえる空間を目指しました。それがうかがえるのが玄関。「玄関を入ってすぐ部屋では味けないから」と、10畳ほどのスペースをとり、床はモルタルで仕上げ、壁にはハンティングトロフィーがかけられています。ＬＤＫはシンプルに仕上げ、借景を絵画のように室内に取り込んでいるのが特徴です。「2年くらいかけて土地を探しました」という言葉どおり、美しい田んぼの景色を見事に窓で切り取っています。そんな住まいでは、読書したり、和室でゴロゴロするのが楽しみのひとつだそう。

FLOOR PLAN

夫婦が暮らす秋山さん邸。荷物が少ないので収納は最小限にし、また、家事動線よりプライバシーの確保を優先したので、個室や廊下にもしっかりスペースを割いています。撮影スタジオのように楽しむアトリエも設けました。

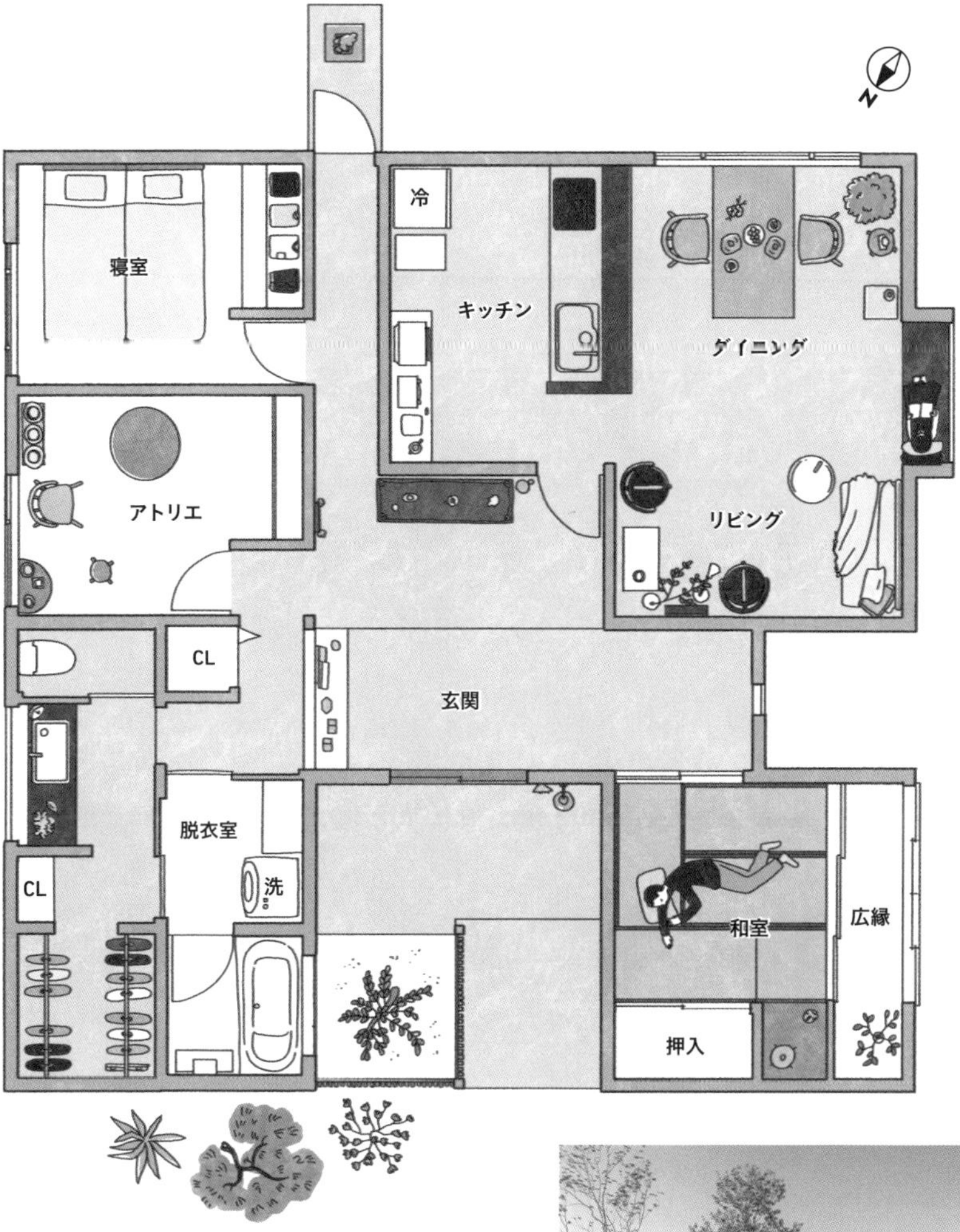

住宅DATA

竣工：2023年4月
延床面積：104.91㎡（31.73坪）
構造・工法：平屋（木造軸組工法）
設計・施工：コラボハウス一級建築士事務所

北側に和室を配置 明るすぎない日照加減により落ち着く空間に

和室といえば、子育て世帯が子どもの遊び場や昼寝場所として、リビングの一角に設けることがこれまでの定番でした。最近では、夫婦がくつろぐ場所として取り入れることがふえています。秋山さん邸では、ＬＤＫに隣接した位置ではなく、玄関を挟んだ独立した位置に設けました。プライベート感が出て、静かにすごすのにぴったりです。

和室へは玄関の土間から入ります。玄関は窮屈に感じないように広くとり、窓を取り入れて、抜けを意識したそうです。

4畳半の和室には縁側があります。ご主人が横になって庭を眺めながら、のんびりくつろいでいるとか。

植栽を生かすには スペースを ゆったりとることが大切

和の趣を感じる秋山さん邸では、玄関アプローチも見どころです。旅館のような落ち着いた雰囲気を出すには、玄関先に余白をしっかりつくることがポイント。植栽のスペースを贅沢にとり、外壁の装飾もシンプルに仕上げました。玄関をすっきりさせることで、帰宅時に家に入るときの気持ちよさが全然違うと、秋山さんは話します。

POINT

廊下の窓から盆栽を鑑賞できる造りに

廊下の先に設けた勝手口からは趣味の盆栽が望めます。石台は造作。風景の奥に抜けがあることで、盆栽がより際立って見えます。

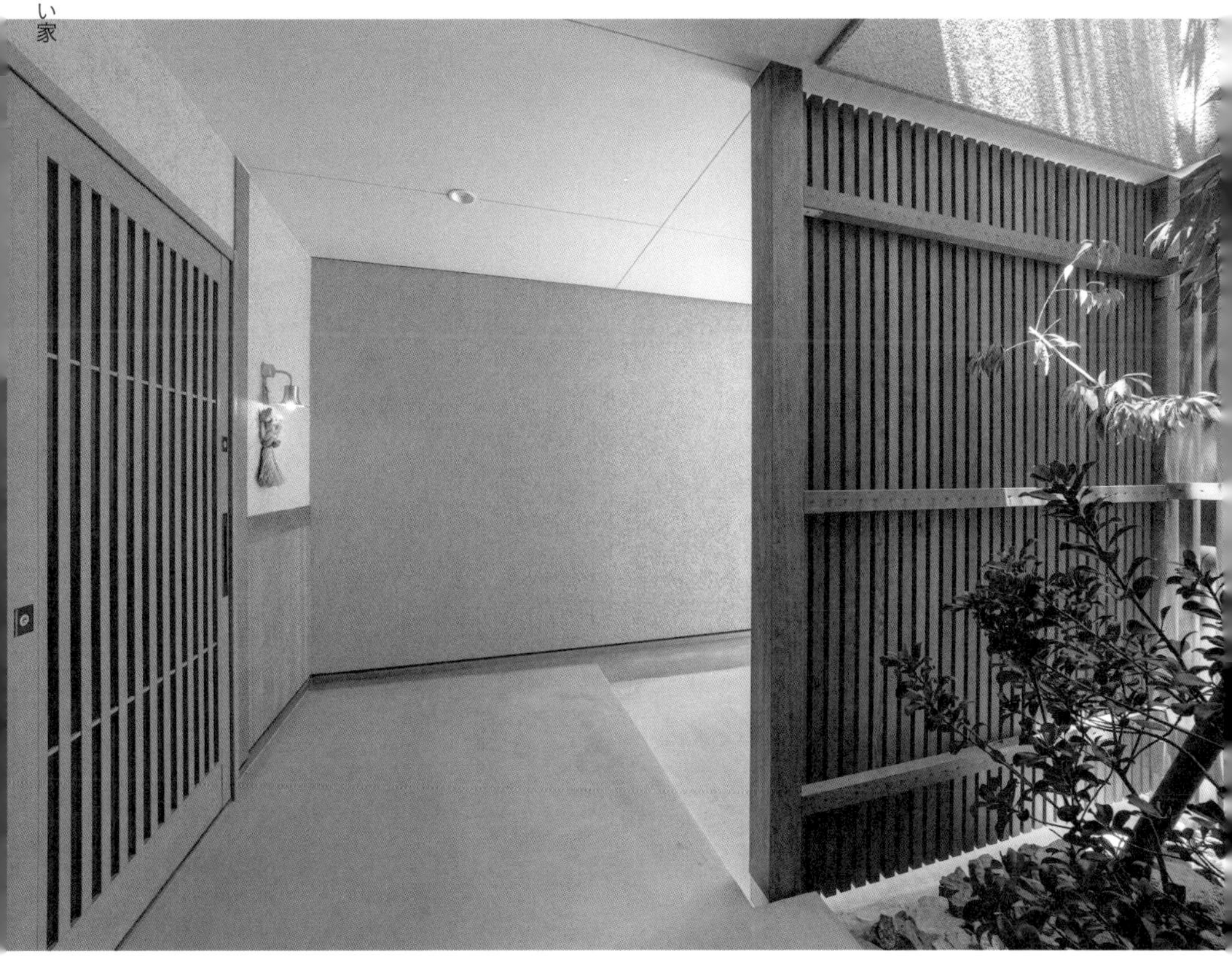

玄関には腰壁を張り、木製の引き戸を採用することで、和の趣になります。

建物の南側に広がる田んぼに向かってとった窓が絵画のよう

南側に面したダイニング。借景が映えるよう、余計な家具を置かず、シンプルさにこだわりました。

美しい借景を求めて、10カ所以上の土地をまわったという秋山さん。窓からは緑いっぱいの田んぼが望めます。その風景を家の一部として取り入れることで、自然との距離が近づき、また、インテリアも素敵なものに。そのためには窓にこだわることが大切です。切り取りたい場所に合わせて窓のサイズを決め、風景となじむ窓枠の色を選びます。外から丸見えになる立地の場合は、窓の美観を邪魔しないロールスクリーンをつけ、夜間だけ下げるのも方法です。

POINT

ピクチャーウインドーとは？

風景を窓で切り取り、室内に取り込む手法のこと。窓枠を額縁に見立て絵画のように楽しみます。FIX窓を用いることが多いですが、風景との相性を考えて別の窓を選んでも◎。

窓に奥行きをつくり座ってくつろげる場所に

家づくりの当初からつくることを決めていた出窓。奥行きは約50㎝とったので、腰掛けて本を読んだり、音楽を聴いたりする場所として生かされています。また、写真好きの秋山さんにとって、この出窓やそこから見える景色は、写真を撮るための大切な被写体でもあるそう。そのため、窓の位置やサイズはこだわって設けました。

リビングの床はモールテックス仕上げ。木材よりコスト高ですが、美術館のような、家っぽくない家を目指した秋山さんのこだわりが表れています。

窓台をつくり座れる場所に。景色を見ながらお茶したり、本を読んだり、ときにはパソコン作業もここでするそう。

自転車いじりや植物のお手入れをのびのびしたい

自分だけの屋外スペース! ピロティがある家

藤江さん邸

OWNER'S VOICE

たくさんの緑に囲まれた植物園のような家を目指しました

藤江さん家族がそれまで住んでいたのは社宅や賃貸アパート。子どもたちが大きな音を立てるたびハラハラしていたそうで、家族がのびのび暮らせる住まいを目指して家づくりを始めました。間取りのポイントは、玄関からダイニングへ続く土間。ご主人の趣味のキャンプ用品の手入れをしたり、夫婦が好きな植物を育てたりと、今までの住まいではできなかった楽しみを満喫しています。ダイニングの吹き抜けからは明るい日ざしが入り、「植物も元気に育ってくれています」と奥さまもご満悦。開放的で明るい空間に、子どもたちも幸せそうです。

FLOOR PLAN

夫婦と子ども2人が暮らす藤江さん邸。キャンプ好きのご主人のために設けた半屋外空間のピロティは、沖縄のローカルホテルのようなデザインも魅力。吹き抜けの土間は採光がよく、植物園のような趣に。

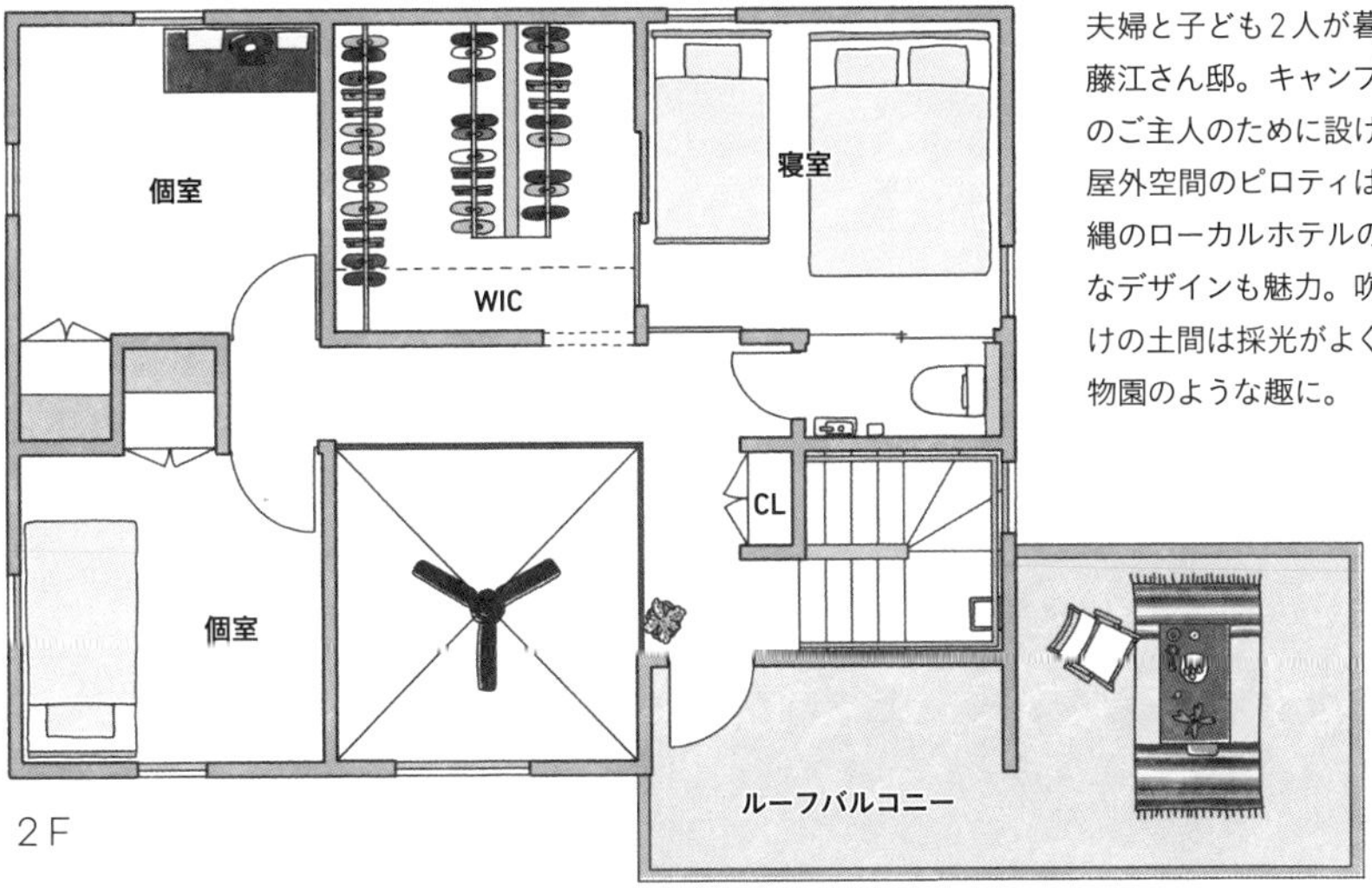

2F

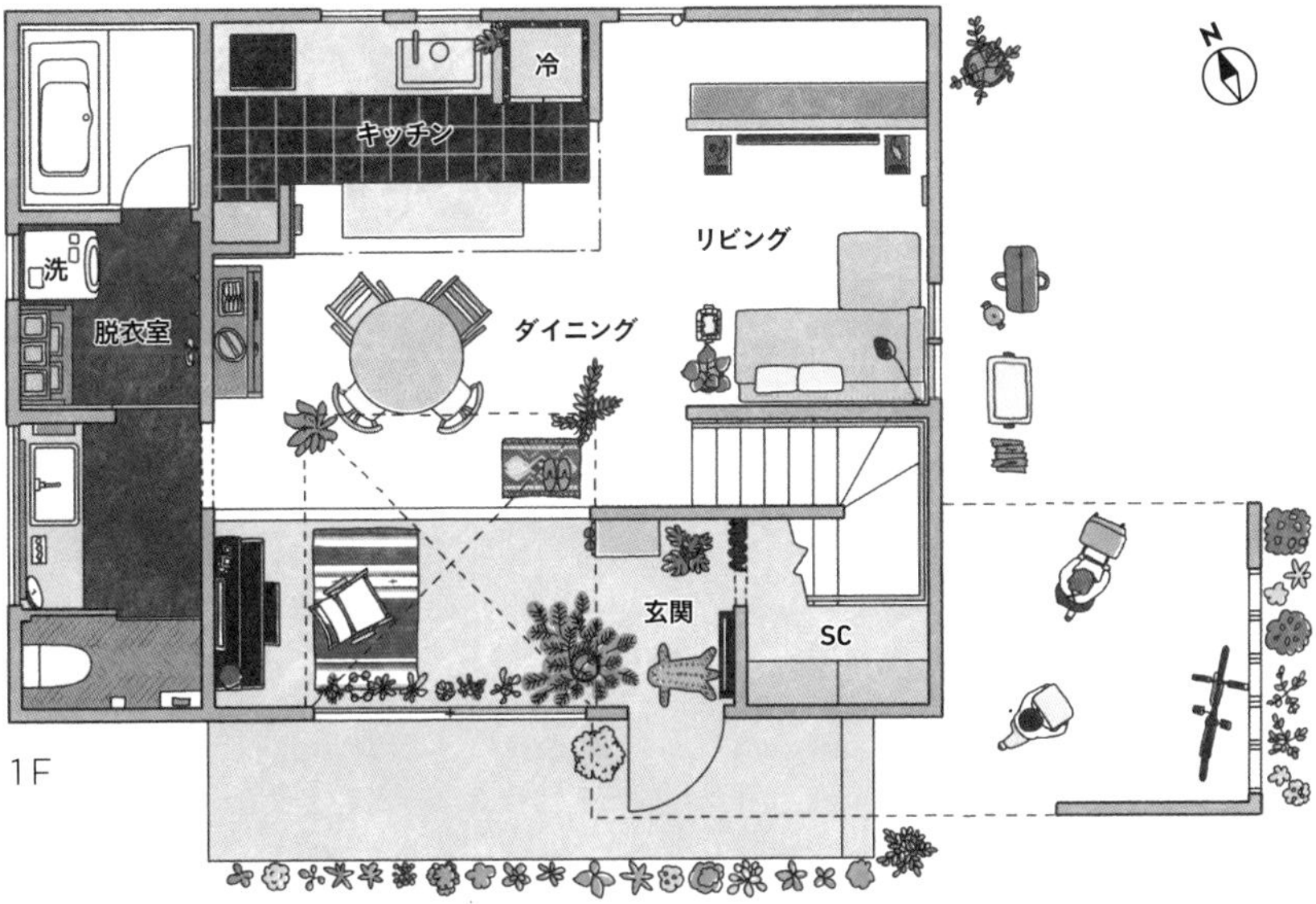

1F

住宅DATA

竣工：2022年3月
延床面積：99.77㎡（30.18坪）
（1階／55.06㎡　2階／44.71㎡）
構造・工法：2階建て（木造軸組工法）
設計・施工：HUGHOME

ピロティは雨や強い日ざしを避けるのにも役立ちます

ピロティとは建物の1階部分に設けた、柱だけを残し外部に開けた空間のこと。駐車場やガーデニングスペースとして活用でき、限られた敷地に建物を建てるときに有効です。藤江さん邸では建物正面から玄関のある東側にかけて設けました。2面に壁を設けたのでプライバシーも守れて、通行人の視線を気にせず外気分を味わえます。しっかりと壁で防いでしまうと落ち葉やホコリがたまりやすいので、風が通る〝抜け〟を設けることをお忘れなく。

右：ピロティの上部はバルコニーにしました。手すりを高くとり、外から見えないようにして、おうちキャンプを楽しんでいるそうです。左：風の通り道をつくるため、沖縄の花形ブロックを採用。ピロティは車の荷下ろし時の一時置きやレインコートの着脱にも便利なスペースです。

土間+吹き抜けにして光が気持ちよく入る空間に

玄関を入ると土間が広がります。植物好きのご夫婦にとって水やりしやすい土間はありがたい場所。吹き抜けにし、天窓もあるので光がたっぷり入り、植物にはいい環境です。そんな土間に面しているのはダイニング。南に面した明るい位置なのでリビングを配置しがちですが、藤江さん家族は食卓ですごすことが多いため、この配置に。

土間に椅子を置けばリビングのような使い方ができます。藤江さん邸ではピアノを置き、子どもたちの音楽のレッスンコーナーにも。

オフ時間を楽しめる家
07

アートを身近に感じたい

美術館のような心地よさを感じる2階リビングの家

福井さん邸

OWNER'S VOICE

家を建てることになったときコレクションを飾るスペースを第一に考えました

以前から少しずつアートを集めていた福井さん。けれど、前の家では飾れる場所が少なく、思うようなディスプレイができなかったそう。そこで、家を建てることになったときは、コレクションを飾るためのスペースを第一に考えました。玄関の先にある廊下の壁やリビングの飾り棚をはじめ、ロフトやトイレなど、あらゆるスペースにアートを並べ、まるで美術館のよう。「お気に入りは花井祐介氏の作品。色づかいがカッコよくて、存在感があるんです」という福井さん。リビングのソファに座り、お気に入りの作品を眺めるのが至福のひとときです。

FLOOR PLAN

夫婦と子ども3人が暮らす福井さん邸。ディスプレイのために造作した飾り棚をはじめ、2階にLDK、サニタリー、物干し場、トイレを据え、ワンフロアで家事が済むようにした動線のいい間取りも注目です。

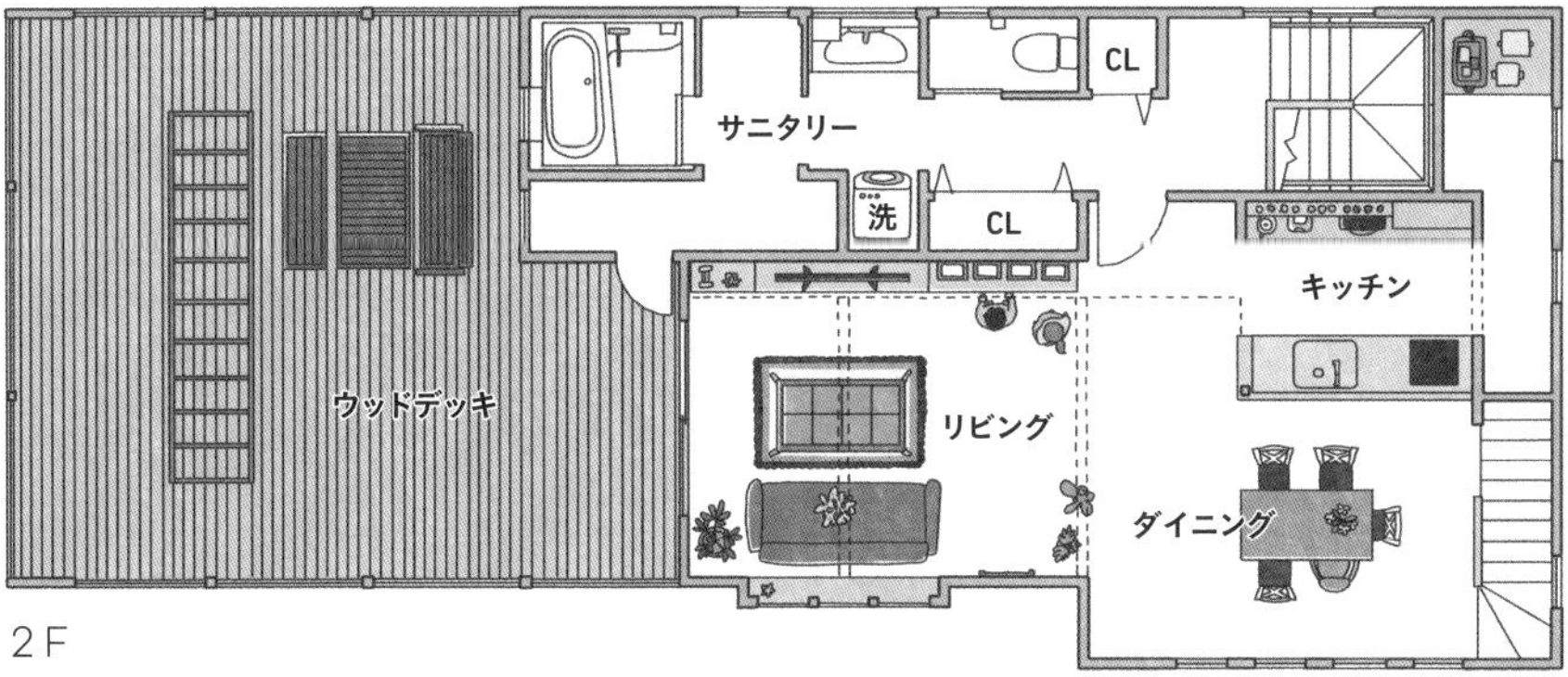

2F

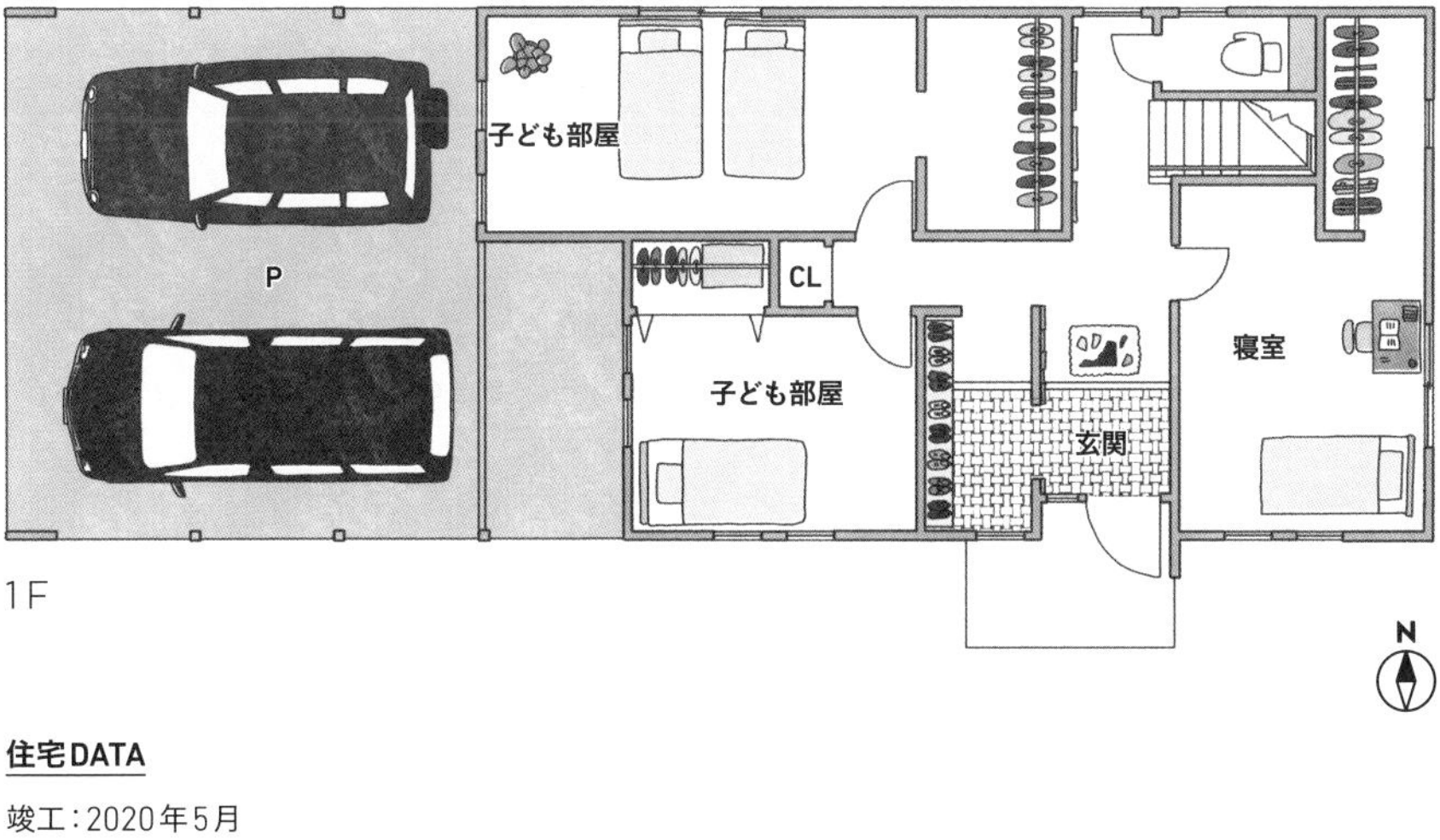

1F

住宅DATA

竣工：2020年5月
延床面積：141.71㎡（42.86坪）
（1階／68.01㎡　2階／73.70㎡）
構造・工法：2階建て（2×4工法）
設計・施工：福井建設

常にコレクションが目に入るよう、リビングに造作の飾り棚を設けました

お気に入りのアートクレコションを飾るためのスペースとして設けたのが、リビングのテレビ台を兼ねた飾り棚。ソファに座ったときの見え方も考えて棚の高さを決め、また、内装にもなじむようアイアンと木でシンプルに仕上げたというこだわりようです。勾《こう》配《ばい》天井のおかげで、窮屈さを感じず、余白もたっぷりとれることで、アートがより引き立ちます。

オーク材のパーケットフロアや、天井に張った「メトリー」のシップラップという材が空間を味わい深いものへと演出しています。

上：靴のコレクションも多く、厳選した約30足をシューズクロークにラインナップ。下：お気に入りを眺められるよう、シューズクロークはオープンにしたそう。壁面には屋根材としても使われるレッドシダーのシダーシェイクを壁に張ったことで、生活感を軽減。

2階の冷暖房は階段下のエアコンのみ。けれど、シーリングファンやトリプルガラスの窓のおかげで、一年じゅう快適だそう。

2階リビング+勾配天井で明るくて広々 キッチン上はロフトスペースに活用

ディスプレイを楽しみたいなら余白や明るさは大切な要素。福井さん邸のように、ディスプレイコーナーのあるリビングを2階に配置すると、天井を高くとることができ、日当たりにも恵まれるので、実現しやすくなります。また、福井さんは天井の高さを生かして、キッチンの上にロフトを設け、そこもディスプレイスペースとして活用。ロフトは書斎や子どものプレイルーム、収納場所など、実用的にも活用できるので、なにかと重宝します。

POINT

ウッドデッキからは思い出深い公園を望めます

リビングの先に26畳のウッドデッキを配置。屋根を延長し、梁《はり》や垂木を現しにしたことで、ログハウスのような雰囲気。「子どものころによく遊んだ公園を望めます」と福井さん。

COLUMN

2階リビングのメリット・デメリット

明るさや開放感が魅力！将来のことも考慮して計画しましょう

明るさやプライベートを大切にしたい方におすすめなのが、2階にリビングを配置する間取り。1階にある場合にくらべて光が入りやすく、外からの視線を遮りやすい特徴があります。一方で、デメリットも。たとえば、家族の帰宅がわかりにくいことです。玄関から1階にある個室に直行できるので、家族が顔を合わせにくくなります。また、テーブルや食器棚などの大きな家具を運び入れにくいのも悩みどころ。ただし、子ども部屋を2階に設けたり、階段の幅を大きくとったりと対応すれば問題なく暮らせます。

【メリット】

1 天井高を生かせる

2階は屋根の付近まで高さをとれるので、1階にくらべて天井を高くすることができます。開放感が生まれて、広く感じる視覚効果も！

2 風通しや採光がいい

高い位置にあるため、風の通りがよく、光も入りやすくなります。住宅密集地や南側の隣家との距離が近い場合に有効です。

3 プライバシーを守りやすい

通行人から見えにくいため、プライバシーを守りやすいというのは大きなメリット。外の騒音が届きづらいので静かにすごせます。

4 眺めがいい

遠くまで見渡せて、周辺の美しい景色を借景として取り入れやすいのも魅力。天窓を設ければリビングにいながら星空を眺めることも。

【デメリット】

1 階段の上り下りが負担に

生活の拠点が2階にあるため、階段の上り下りが多くなります。老後の暮らしやすさを考慮してホームエレベーターを検討してもいいでしょう。

2 夏は暑くなりやすい

日ざしが入りやすいため、夏場は暑くなりがちです。高性能な窓ガラスを採用したり、シーリングファンで空気を循環させたりする工夫が必要。

3 防犯面が不安

2階ですごす時間が多いため、1階が不用心になりがち。防犯センサーや防犯カメラの導入、ホームセキュリティに入るのも手。

4 1階の寝室に足音が響く

2階にリビングを配置する場合に多いのが、1階に寝室を設ける間取り。就寝している家族のために、床に防音シートを敷くなどの対策を。

オフ時間を
楽しめる家
08

スムーズにキャンプの準備をしたい

アウトドアグッズを出し入れしやすい家

大川さん邸

OWNER'S VOICE

この家に暮らすようになって自然のなかでの遊びが楽しみに

以前は、都心近くに住んでいたという大川さんご夫婦。子どもが生まれたことをきっかけに、自然豊かなご主人の地元へ越し、家を建てることにしました。アウトドアが好きな家族が考えたのが、キャンプグッズを出し入れしやすい広々とした開放的な家。無垢《むく》材をふんだんに使い、自然素材の心地よさを感じる内装に仕上げたのも特徴です。この家に暮らすようになってからは、キャンプは2カ月に1度、デイキャンプは毎月のように行っているそう。庭ではキャンプグッズを出して、バーベキューをすることも。「都心では味わえない暮らしを手に入れられて、毎日が幸せです」と奥さまは話します。

FLOOR PLAN

夫婦と子ども2人、愛犬のバーニーズ・マウンテン・ドッグが暮らす大川さん邸。150㎡の広さに対して1LDKという広々とした間取りが特徴。木とアイアンでまとめたカッコいいデザインも魅力です。

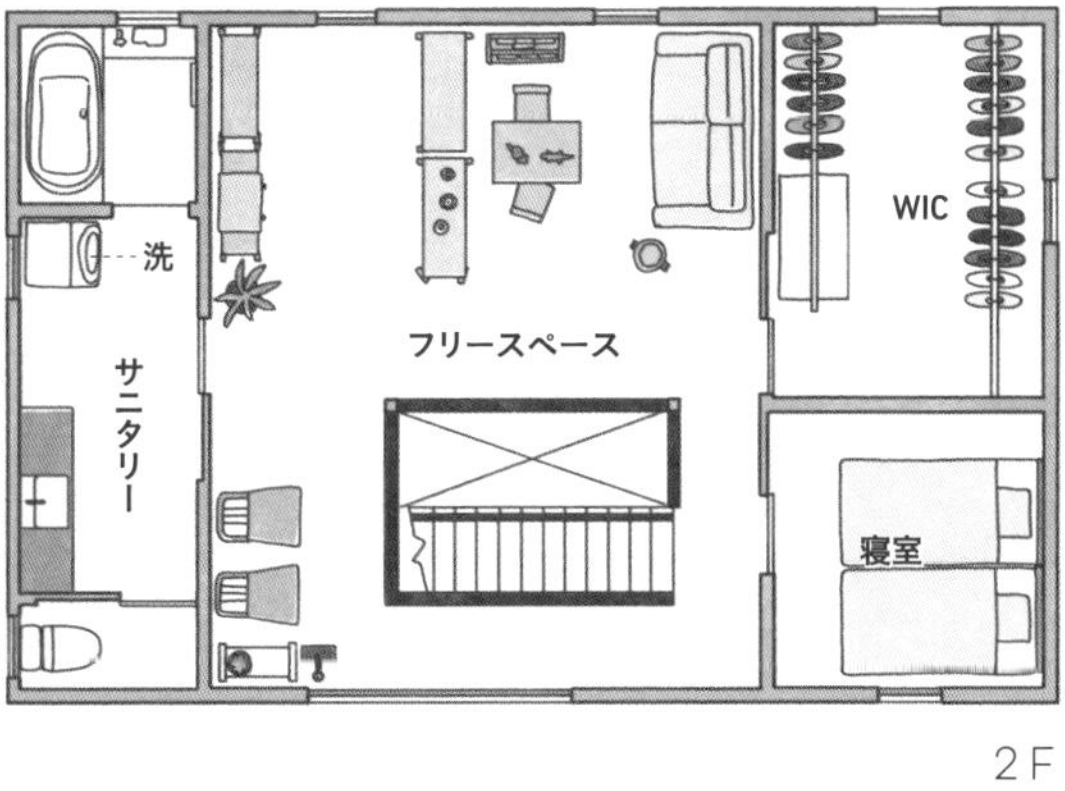

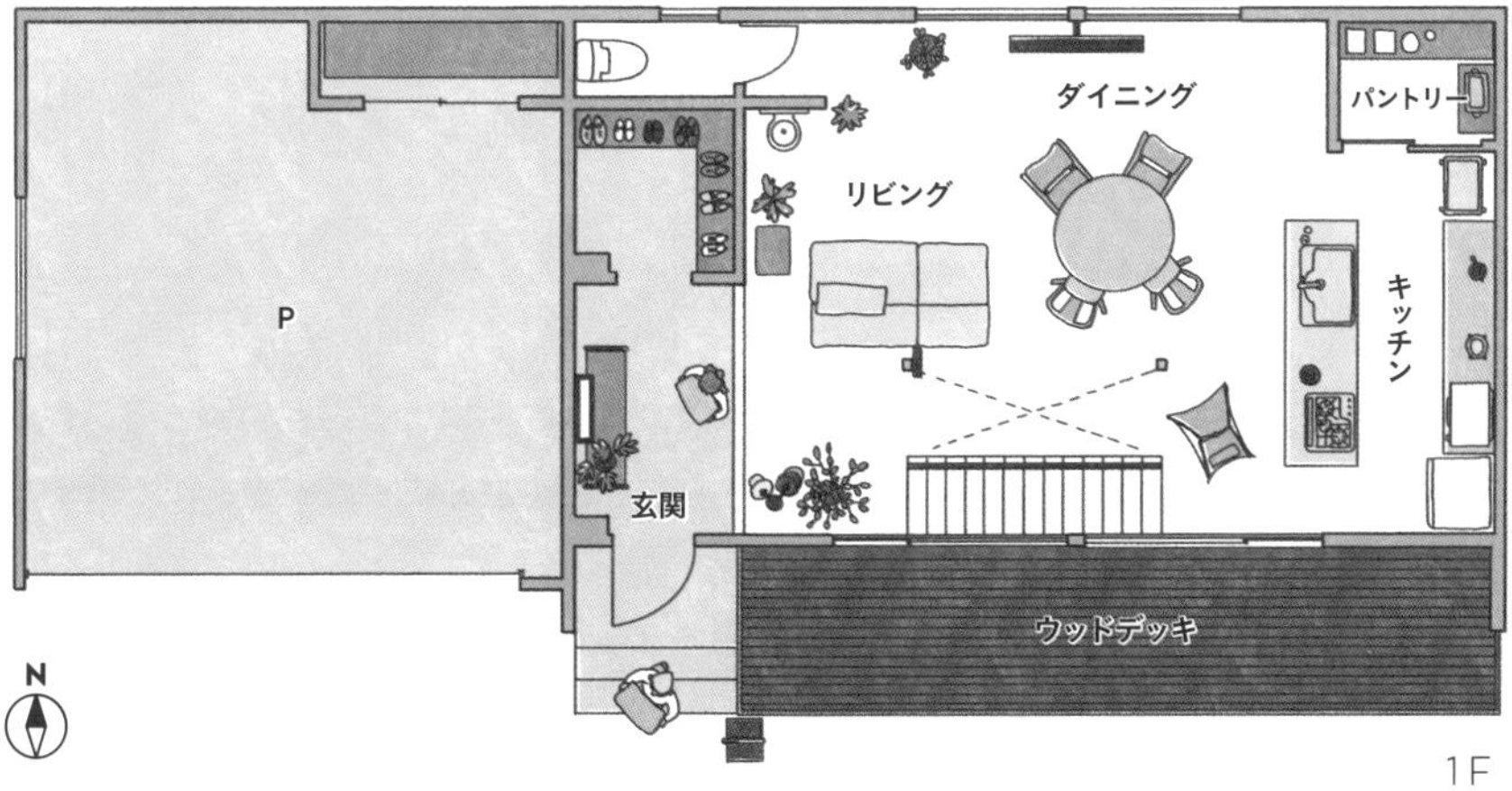

住宅DATA

竣工：2018年10月
延床面積：150.91㎡（45.65坪）
（1階／89.64㎡　2階／61.27㎡）
ガレージ34.98㎡（10.58坪）含む
構造・工法：2階建て（木造パネル工法）
設計・施工：BROOK

玄関を広くとったことで荷物を運んだり、整理したりがラク

キャンプグッズのような大きくて重たい荷物を出し入れしやすいよう、仕切り壁や廊下をできるだけ減らすことが大切です。大川さん邸では玄関を入ってすぐの場所にＬＤＫを配置。また、荷物置き場がある2階への階段を玄関近くに据えたことで、最短距離で移動できます。また、玄関の近くまで車を寄せられるよう、アプローチをフラットにしたのもアイデアです。

LDKと玄関の開口が広いので、ストレスなく荷物を出し入れできます。玄関は愛犬の遊び場としても活躍。

POINT

出し入れしやすく扉なしに

玄関のシューズクロークにもキャンプグッズの一部を収納。両手がふさがっていても持ち運びしやすいよう、扉なしの仕様にしたそうです。

1階は玄関とトイレ、約25畳のLDKのみ。吹き抜けもあって開放的で広々。南に設けた窓から庭へアクセスできます。

2階の窓際の天井にはアイアンの物干しポールを設置。洗濯物を干したり、寝袋やウエアを乾かすのにも役立ちます。

18畳のフリースペースは階段を中心に回遊式に荷物を効率よく片づけられます

キャンプグッズはこまごまとしたものが多いので、仕分けしやすい広い空間があると助かります。大川さん邸では、2階のフリースペースをキャンプグッズの置き場に活用しています。18畳あるので、荷物を整理しながら片づけるのがラク。階段の左右に設けた動線は、床が荷物であふれ返ってしまうときに移動しやすいという利点があります。

スチールラックがキャンプグッズの収納場所。「少しずつそろえるのが楽しくて。インテリアとしても楽しめます」と奥さま。

キッチンとダイニングが土間でつながった家

古田さん邸

OWNER'S VOICE

広いキッチンのおかげで子どものころから好きだった焼き菓子作りを楽しめます

土地探しや工務店選びに何度もつまずき、家づくりに5年以上かかったという古田さん。それでも、信頼できる建築士さんに巡り合い、家づくりがスタートしました。細かな注文をつけるのはやめて、お願いしたのは「ゆるりと家族とつながれる家」ということでした。完成した家は希望どおりのものだったとか。扉がほとんどなく、吹き抜けのダイニングは2階との距離を縮めてくれます。お気に入りはキッチン。作業スペースが広くて、子どもと一緒にスコーン作りも楽しめるそう。時間のあるときは大好きな焼き菓子作りに励み、ネットショップを開店する計画もあるとのことです。

FLOOR PLAN

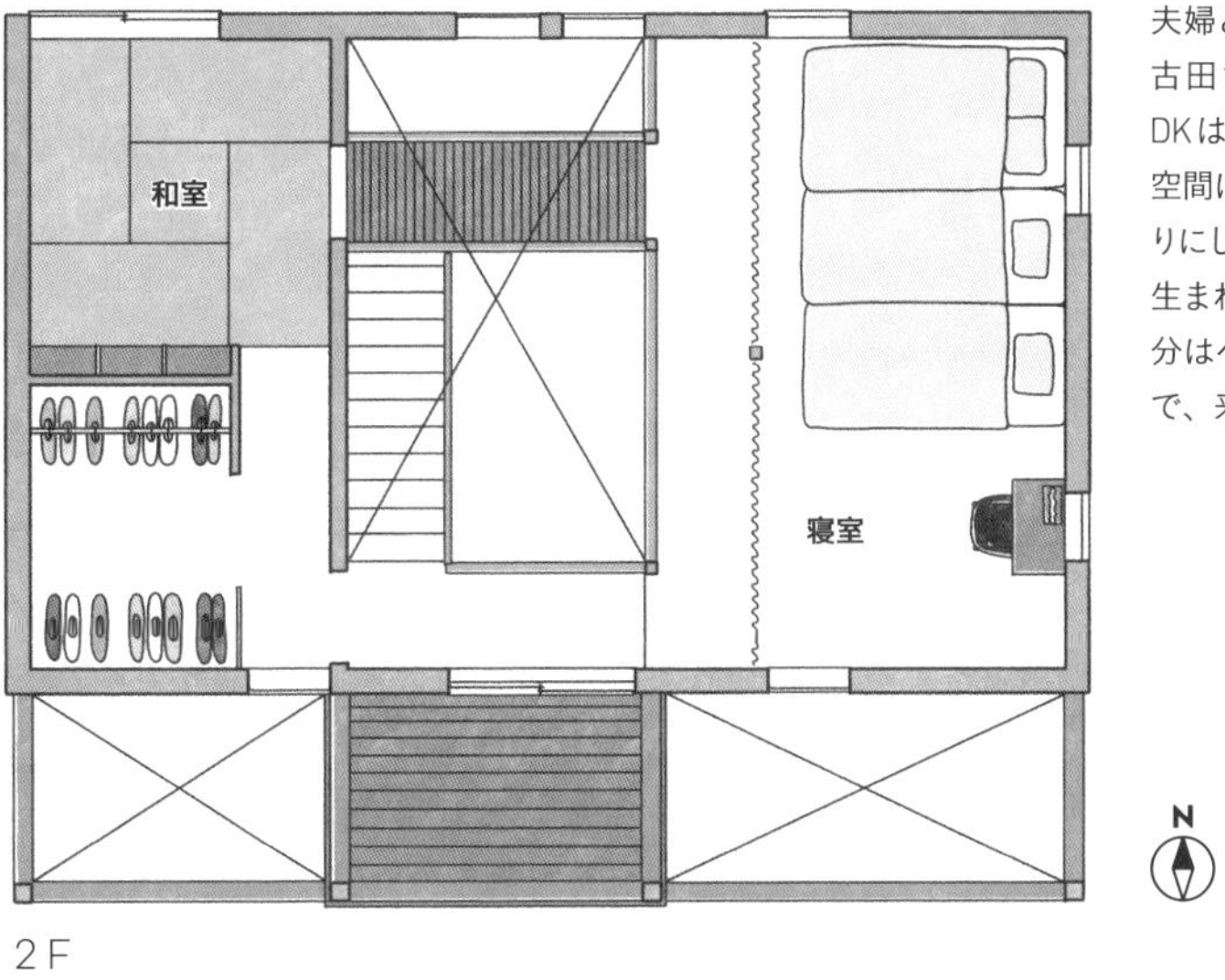

夫婦と子ども2人が暮らす古田さん邸。土間続きのDKは吹き抜けにし、明るい空間に。リビングは小上がりにしたことで、メリハリが生まれました。小上がり部分はベンチとして使えるので、来客時に便利。

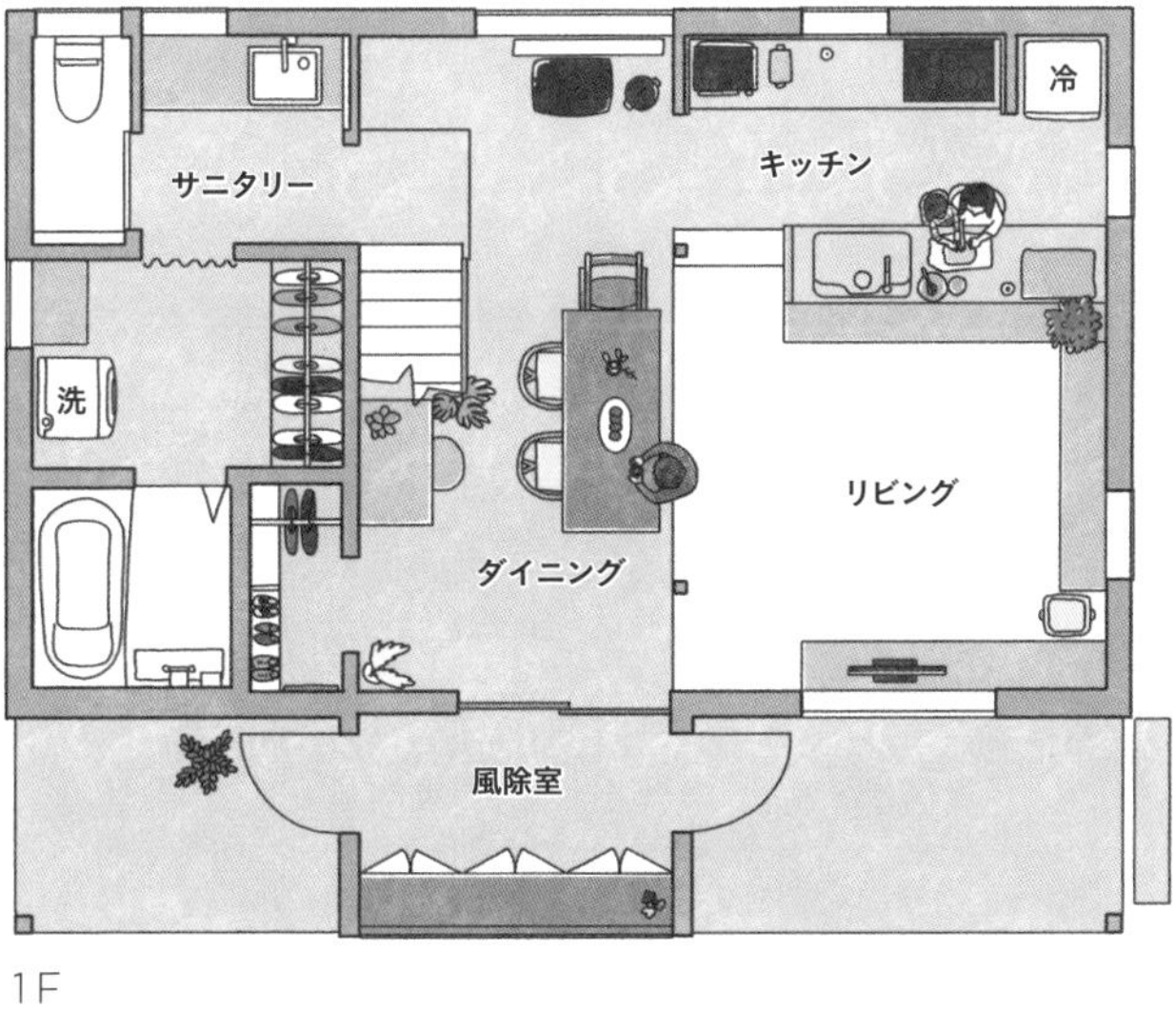

住宅DATA

竣工：2019年11月
延床面積：96.88㎡（29.30坪）
（1階／54.65㎡　2階／42.23㎡）
構造・工法：2階建て（木造軸組工法）
設計：エヌスケッチ

Ⅱ型キッチンは作業スペースを広くとれて リビングからもすっきり見えます

ウレタン塗装したシナ合板を使ったシンプルな造作キッチン。お手入れしやすいよう、ワークトップはステンレスに。

玄関からダイニング、そしてキッチンまで土間続きという古田さん邸。モルタル仕上げの床は、無垢《むく》材とは違ってガシガシ掃除できるのがよさです。また、Ⅱ型キッチンも特徴。作業スペースを広くとれるので、材料を広げたり、子どもと並んでお菓子作りをするのにも便利です。また収納スペースが多いので、こまごまとした道具や材料などがすっきりと納まるから、乱雑になりません。

バックカウンターは食器棚を兼ねていて、器の収納場所に。「引き出しなので、奥のものまで見やすく、手に取りやすいです」と古田さん。

2階は吊り橋風廊下を採用 壁の奥でつながっているので子どもには楽しいスペース

古田さんが家づくりで希望した〝つながり〟は、この2階によく表れています。ダイニングを吹き抜けにし、1階とつながりをもたせて、吊り橋風の廊下を採用。和室とWICがある西側のコーナーには開口を2カ所つくって、回遊式にしたのも特徴です。1階からの声が届きやすいよう、開口にドアを設けなかったのもポイント。

家族の寝室になっているこの部屋は、将来の子ども部屋。壁がないものの、カーテンはあり、閉めればプライバシーを守れます。

写真奥に和室とWICがあります。吊り橋風の廊下は子どもたちに人気だそう。

オフ時間を
楽しめる家
10
ゆったりと映画を観たり、読書したい

大切にしたのは居心地のよさ! おこもり部屋をつくった家

吉坂さん邸

OWNER'S VOICE

アメリカの古いアパートをお手本にしました

古着やレコード、ヴィンテージの家具が好きな吉坂さん夫婦。家を建てるときにイメージしたのが、アメリカの古いアパートメントだったそう。その結果がよく表れているのがリビングです。オールドラグにクラシックな造作家具をはじめ、これまで集めてきた本や雑貨も雰囲気づくりに役立っています。ダウンフロアやアールの垂れ壁を採用して、より本物らしく。また、階段がある廊下の壁には余白を設けてのアートを飾るなど、家のあちこちにアメリカのアパートメントっぽさが見受けられます。オフの日はギターを弾いたり、映画を観たりと、夫婦それぞれの楽しみを満喫しています。

FLOOR PLAN

夫婦が暮らす吉坂さん邸。LDKは空間がつながっているものの、垂れ壁やダウンフロアを採用して、それぞれ独立したような造りが見どころ。また、サニタリーとパントリーを扉でつなげた帰宅動線のよさも特徴です。

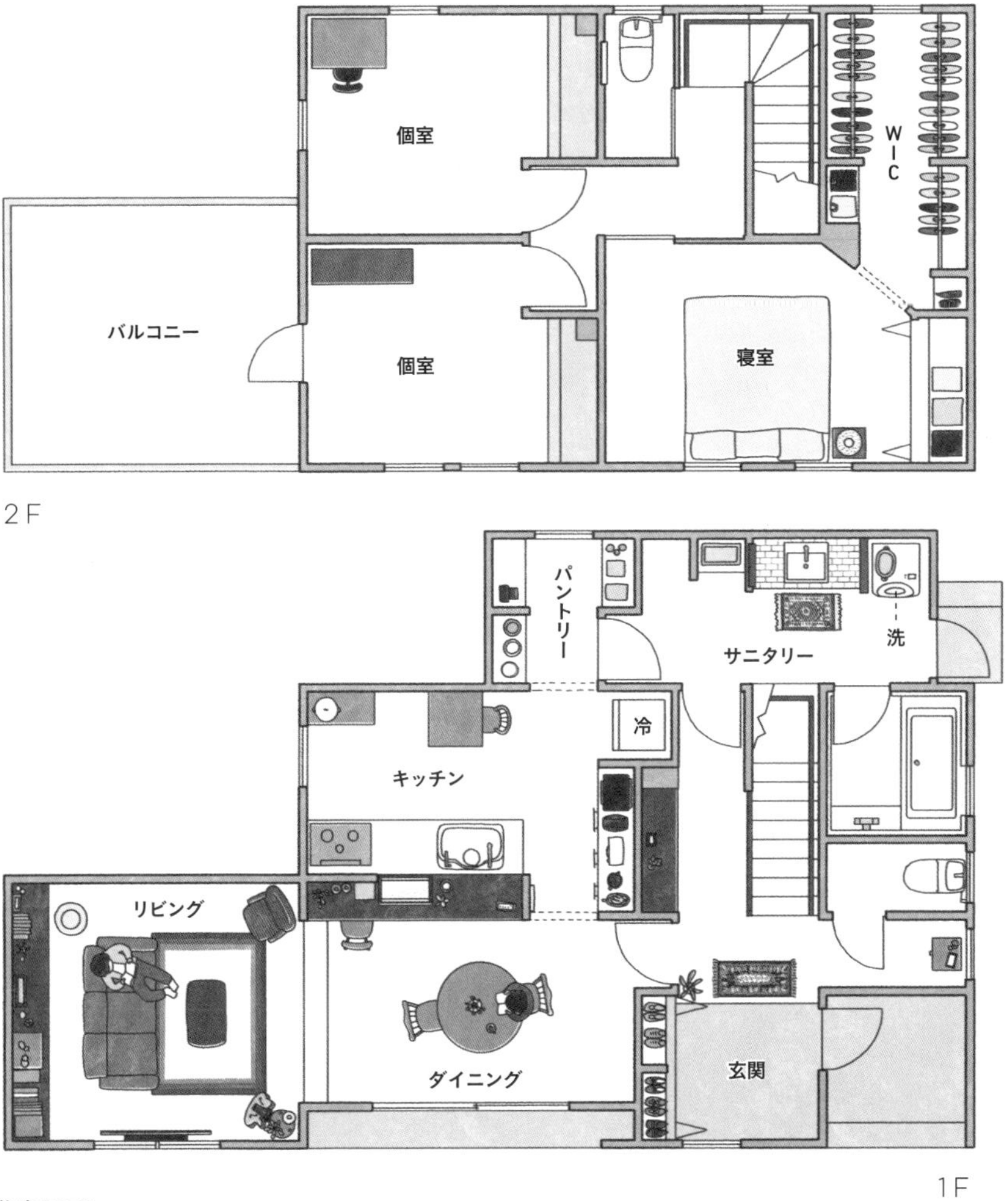

住宅DATA

竣工：2018年4月
延床面積：105.78㎡（32.00坪）
（1階／61.07㎡　2階／44.71㎡）
構造・工法：2階建て（2×4工法）
設計・施工：湖都コーポレーション

ダウンフロアは視覚的に仕切るのに効果的

手前のダイニングは掃き出し窓を設けて明るく、奥のリビングは高窓にして明るさを抑えました。窓が調光の役割を。

吉坂さんが望んだのは部屋を、それぞれで違った雰囲気の空間にすること。リビングは読書をしたり、映画を観たりと落ち着ける場所にしたかったので、ダイニングの床から2段下げたダウンフロアにしました。おこもり感が出てリラックスでき、空間にも変化が生まれます。ダウンフロアにする場合、家具の置き場に制限が出るので、あらかじめサイズやレイアウトを考えておくのが大切です。

リビングは7畳という広さながら、ダウンフロアにしたことで天井が高くなり、閉塞感《へいそく》が軽減されます。

バックカウンターのスペースをアトリエにするのも手

キッチンにいる時間が長い奥さま。キッチンで本を読んだり、書き物ができるよう、流し台と壁の間を1・5mとってテーブルと椅子を置きました。食器棚や冷蔵庫は流し台に向かって左側に集約させ、近くにパントリーも設けたので動線もよし。ダイニングから見える生活感が抑えられるのもうれしいことです。忙しい朝は朝食を食べる場所としても役立ちます。

キッチンはごくシンプルなものをセレクト。手作り感のある凹凸のタイルをコンロまわりの壁に張り、ぬくもり感をプラス。

キッチン全体の広さは約5畳とゆったり。上げ下げ窓をつけることで“部屋感”が出ました。

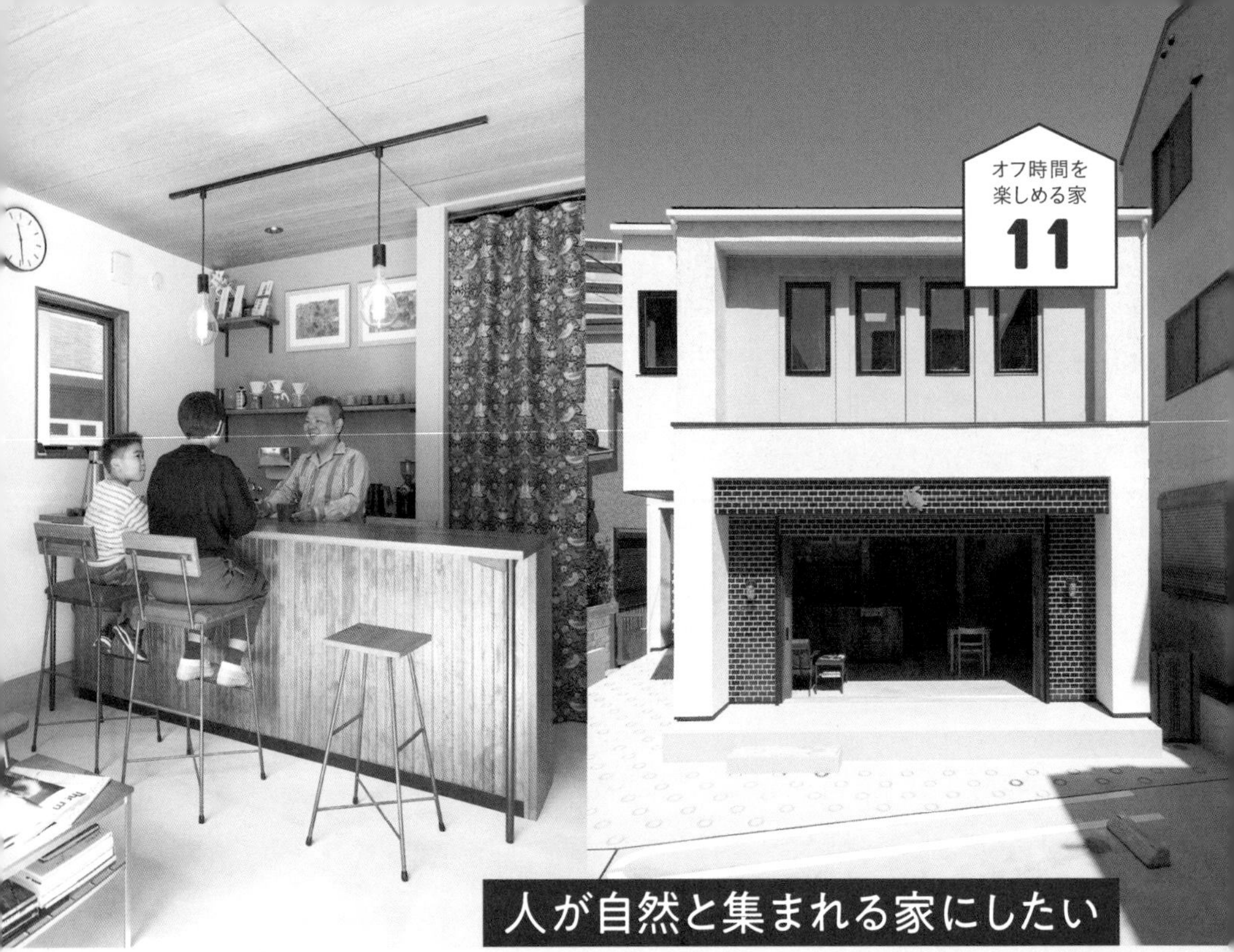

人が自然と集まれる家にしたい

コーヒースタンドのようなマルチスペースをつくった家

菅原さん邸

OWNER'S VOICE

東京・馬喰町のイーグルビルをオマージュした外観に

濃紺のクラシカルなタイルに縦長の窓が、レトロモダンな空気感を醸す菅原さん邸。東京・馬喰町にある名建築「イーグルビル」を彷彿《ほうふつ》させます。引き戸を開けると、そこはまさにカフェ。クリエイターである菅原さんの仕事場として使うほか、時には家族や友人とすごすカフェへと早変わり。2階にLDKを配置し、その一角にアーティストの奥さまのアトリエを設けました。「それぞれが自分の作業に集中しながら、合間にリビングに集まるのがわが家のスタイル」と菅原さん。自宅に仕事場がありながら、オンオフをつけやすい間取りのおかげで、日々の暮らしが充実しているそうです。

FLOOR PLAN

夫婦と子どもが暮らす菅原さん邸。二世帯住宅で２階部分が菅原さんの居住スペースです。見どころは１階のマルチスペース。東京の歴史あるヴィンテージビルをオマージュしたというデザインで、室内もカフェそのもの。

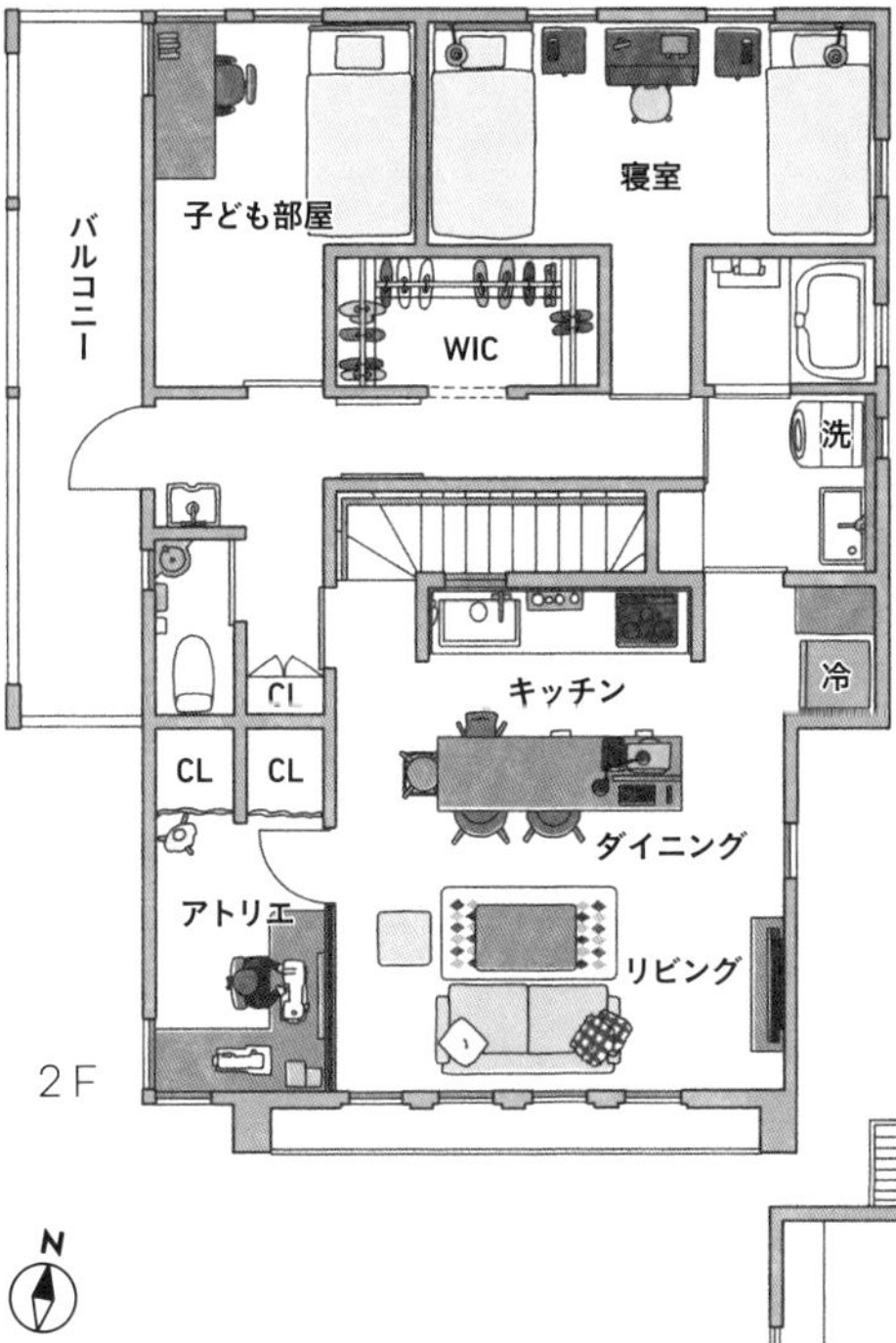

2F

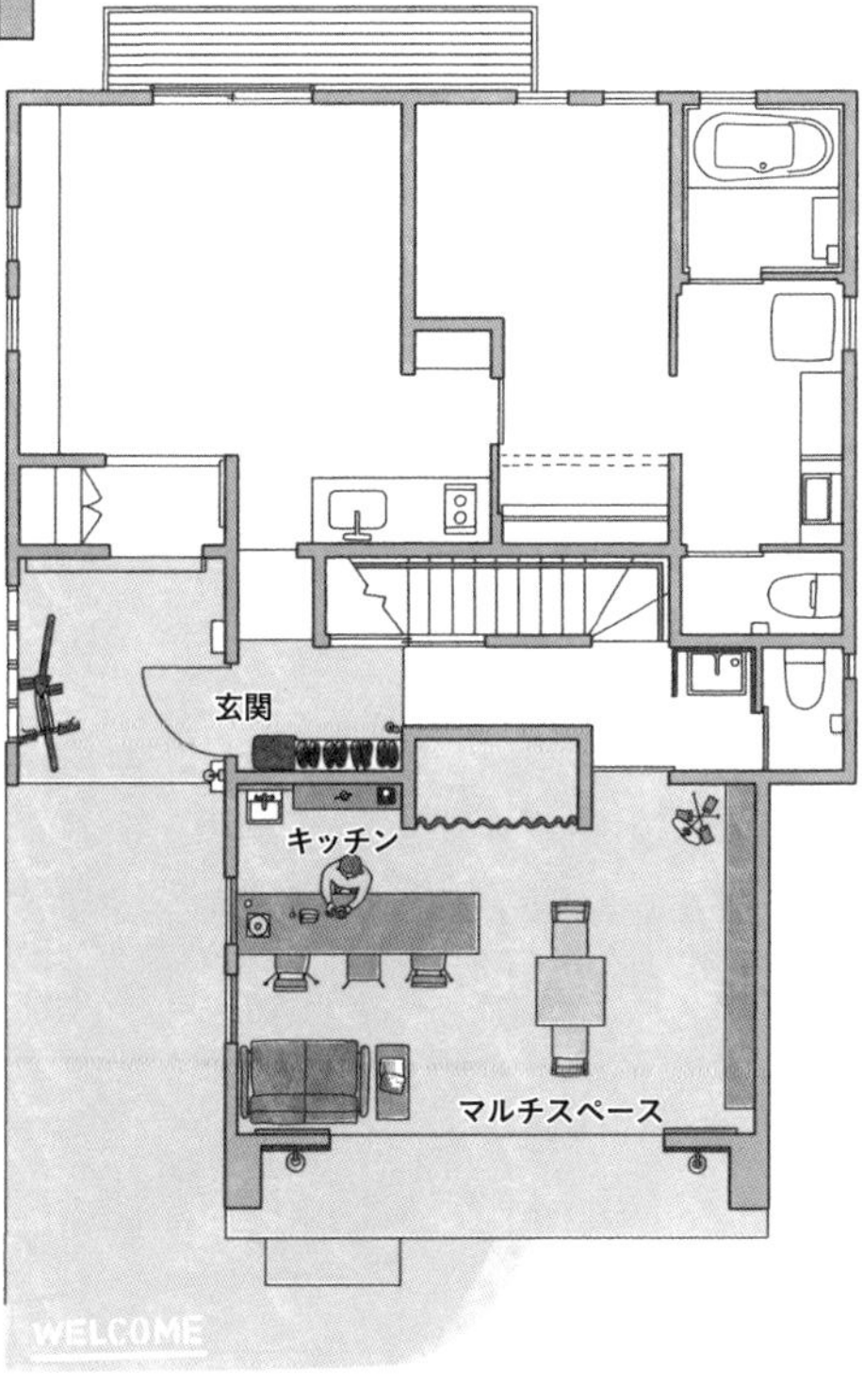

1F

住宅DATA

竣工：2021年12月
延床面積：146.57㎡（44.33坪）
（1階／73.70㎡　2階／72.87㎡）
構造・工法：2階建て（木造軸組工法）
設計・施工：HUGHOME

建物の正面にあるマルチスペース。引き込み式の引き戸にしたことで、カフェのような大きな開口をつくれます。

キッチンをつくり土間スタイルにしてお店としても使える仕様に

カフェのような家に憧れる人が多いなか、本当にカフェ空間をつくったのが菅原さんです。床はコーヒースタンドでよく見られるコンクリート仕上げで、本格的なキッチンもあります。ふだんは仕事場として活用していますが、休日はコーヒーをいれて家族で会話したり、子どもがお菓子を食べたり、ママ友とお茶したりと、家族それぞれがマルチな使い方で楽しんでいるそう。オンオフを切り替えるため、仕事道具をしまうためのクロゼットを設けて、カーテンや扉で隠せる工夫もあります。

POINT

お客さまも使える手洗いを1階に配置

マルチスペースではアーティストとして活躍する奥さまの作品販売会を行っています。来客時に役立つよう、手洗い場をマルチスペースの北側の廊下に配置。LDKがある２階につながる階段もあり、手を洗ってから家に上がれるのもいいところ。

廊下を境に北側を個室 南側をLDKとゾーニングして オンオフをつけやすく！

二世帯住宅の菅原さん邸では、２階が家族の居住スペースです。ワンフロアの空間のなか、廊下を境にLDKと個室を分けているのが特徴。リビングで家族が会話していても、廊下を間に挟んでいるので個室は静かです。また、サニタリーやトイレなどの共用部を、どこからでもアクセスしやすい廊下付近に設けたのはお手本にしたいアイデアです。

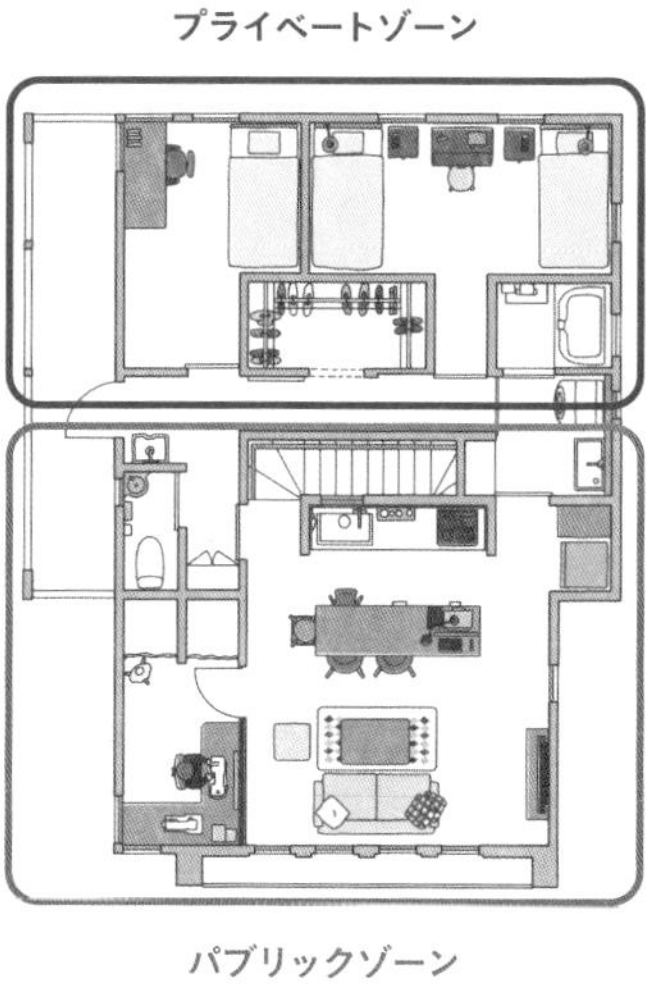

キッチンの左右に廊下につながる動線を設けて、回遊できる間取りに。掃除するときにも無駄な動きがありません。

内窓を設けることで作業しながら家族の気配を感じ取れます

反物をリメイクしてインテリア小物などを作るアーティストとして活躍する奥さま。3畳ほどのアトリエをＬＤの一角に設けました。室内には反物のサイズに合わせて作った収納棚を造作。南に面しているので明るく、心地よく作業できます。ポイントはキッチンから近い場所にアトリエを配置したこと。作業後はすぐに調理へと切り替えやすくなります。また、完全に仕切らず、内窓を取り付けたので、ＬＤにいる家族の様子がわかるから安心です。

POINT

目的によっては LDから離れた位置に

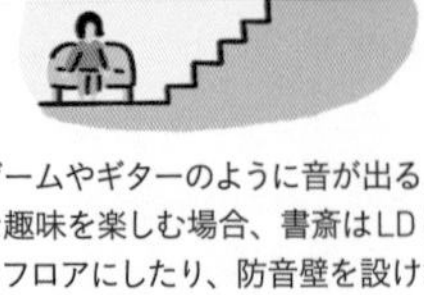

ゲームやギターのように音が出るような趣味を楽しむ場合、書斎はLDと違うフロアにしたり、防音壁を設けたりしたほうが安心です。

COLUMN

二世帯住宅で気にすべきは音対策と水道光熱費

完全分離型なのでほどよい距離感を保ちながら生活できます

二世帯住宅の菅原さん邸では、1階には菅原さんの義伯母と祖母が暮らしています。玄関を2カ所用意し、共用部分のない完全分離型です。二世帯住宅で押さえておきたいことのひとつが音対策。菅原さん邸では、2階の足音が1階に響きにくいよう防音シートを敷き、寝室の上に寝室を配置しました。もうひとつが水道光熱費。メーターが1つだとどちらがどれくらい使ったかわからないので、メーターを世帯ごとに分けました。そのほうがお互い余計な気をつかわずに済みます。

自分たちだけの屋外空間!
コの字形の家

河西さん邸

OWNER'S VOICE

子どもが大声を出しても迷惑にならず安心

まわりに高い建物がなく、広さにも恵まれた土地を生かし、平屋を建てた河西さん。家づくりでこだわったのは〝バーベキューが楽しめること〟でした。隣家へ煙や話し声が届きにくいよう、庭を3方から建物で囲う、コの字形の間取りをセレクト。東西の建物から直接アクセスできるようにウッドデッキを設けたので、動線のよさも特徴のひとつです。そんな住まいでの楽しみはもちろんバーベキュー。夏にはプールを出して子どもたちが水遊びを楽しむこともあるそう。「お風呂上がりに涼みながら飲むビールも最高です!」と、中庭のある家を家族全員で満喫している河西さんです。

FLOOR PLAN

夫婦と子ども２人が暮らす河西さん邸。LDKや中庭にスペースをとりつつ、個室４部屋と趣味部屋も確保。サニタリーと物干し場、WICを１カ所に集めた洗濯動線のよさも見どころです。

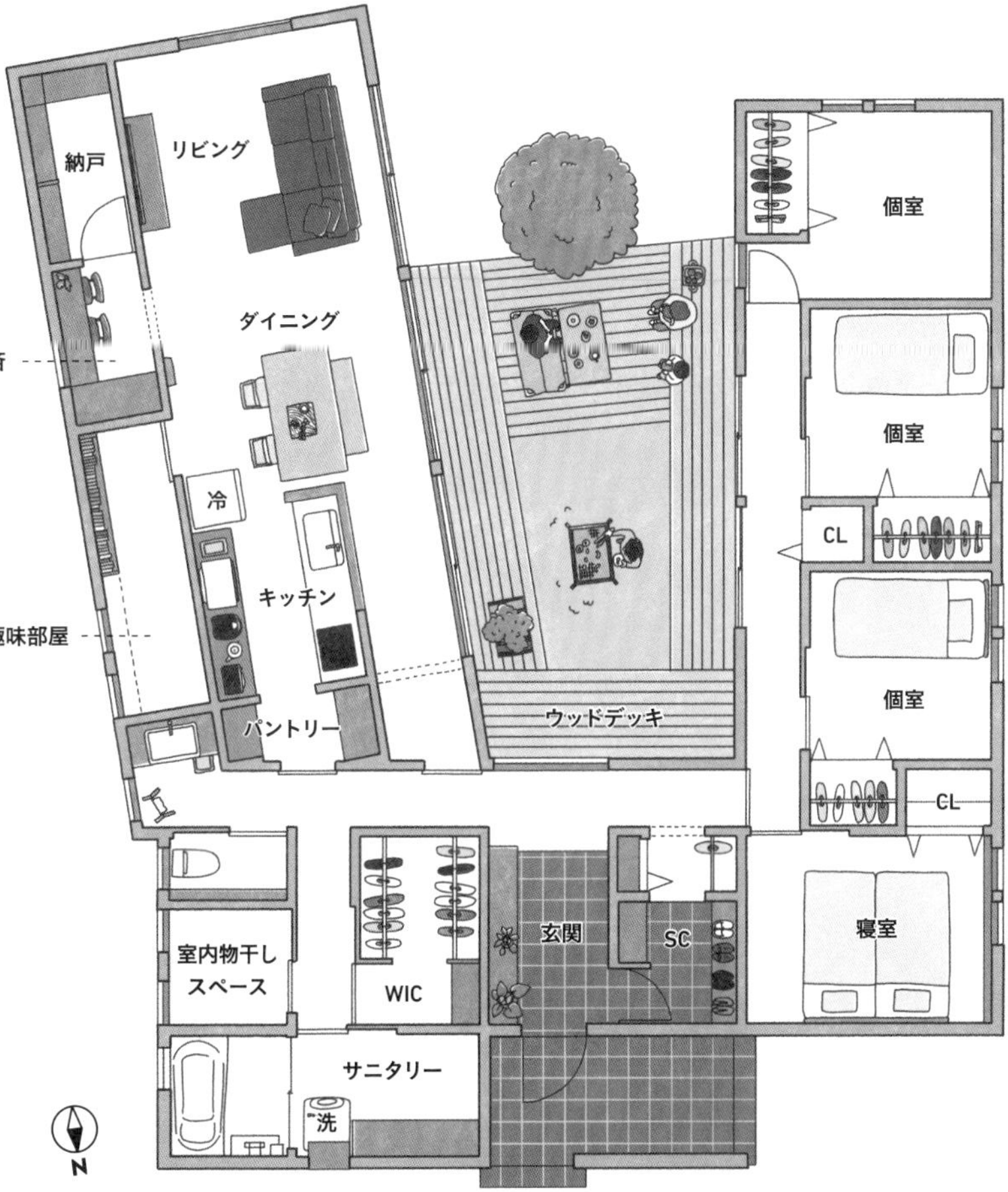

住宅DATA

竣工：2021年4月
延床面積：135.53㎡（40.99坪）
構造・工法：平屋（木造軸組工法）
設計・施工：コラボハウス一級建築士事務所

LDKがある東側の建物を外に広がるように建てることで、2面から光が入り、室内がより明るくなります。

中庭は外で遊ぶ子どもの姿を見やすいから安心して自分の時間をすごせます

中庭はプライベートな外空間として人気ですが、外で遊ぶ家族の様子を家のどこからでも見やすいというメリットもあります。河西さん邸では、中庭に向かって窓をたくさん設けたので、ＬＤＫからでも、玄関からでも、子どもの様子がわかります。子どもの心配をせずに効率よく家事をこなせるから、オフ時間を満喫できます。

POINT

2棟をまたぐようにウッドデッキを設置

東と西の建物をつなぐように設けたウッドデッキ。廊下を通って反対側の部屋に行く手間を省いてくれる、ナイスアイデアです。

人通りがない南側に大きな窓を採用 床の日焼け対策を忘れずに

南側に人通りがない土地なら、思いきって窓を大きくすれば、室内に開放感と明るさを取り入れられます。河西さん邸では、リビングの南側に天井までの高さがある窓を取り付けました。21畳のLDKに奥行きが生まれ、気持ちよくすごせます。強い日ざしが入ってくるので、床が日焼けしないよう、ラグを敷いたりするなどの対策も。

玄関ホールの先に窓を設けています。中庭の先に広がる景色を望め、お客さまも気持ちよく迎えられます。

田んぼが広がる南側につけたのは大きなFIX窓。カーテンがないので、すっきりとした印象に。

マンガ好きのご主人のために キッチンの東側に 小さな部屋を用意

500冊以上あるというマンガを収納している棚は造作。プライベート空間なので、オープンにして取り出しやすさを優先。

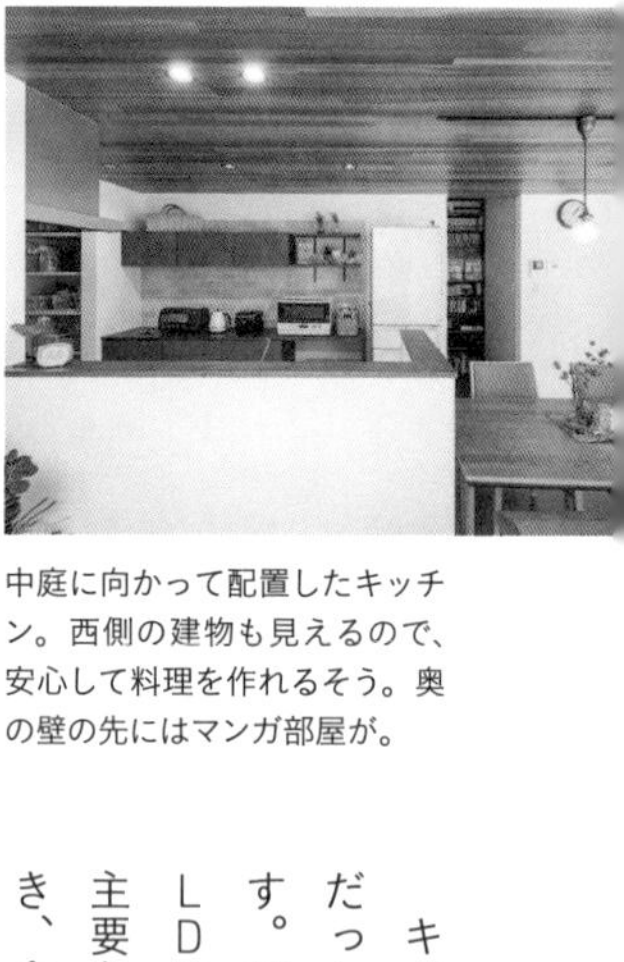

中庭に向かって配置したキッチン。西側の建物も見えるので、安心して料理を作れるそう。奥の壁の先にはマンガ部屋が。

キッチンの東側にご主人の希望だったマンガ部屋を設けています。採光や広さは求めないため、LDKや個室、サニタリーなどの主要なコーナーの位置を決めていき、余ったスペースをマンガ部屋に。リビングからアクセスしやすく、また、ほどよい狭さが読書するのに集中できて、ご主人も気に入っているようです。

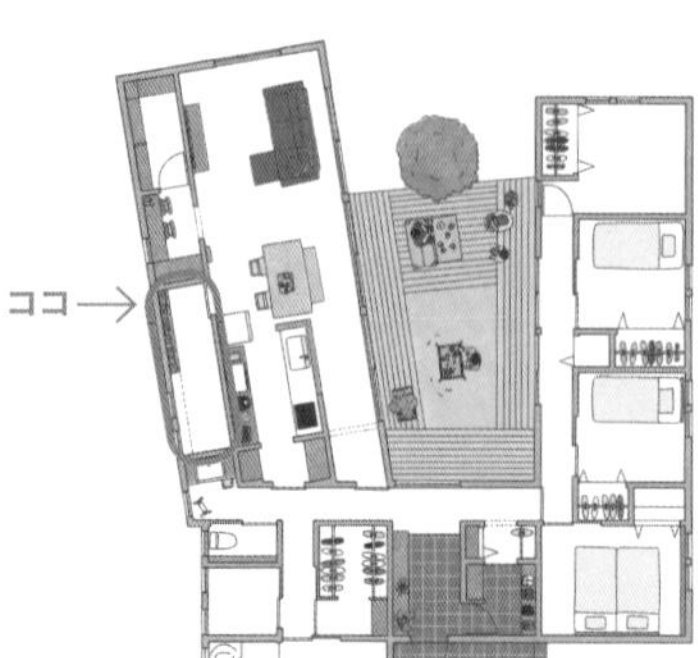

COLUMN

コの字形と口の字形の違いは?

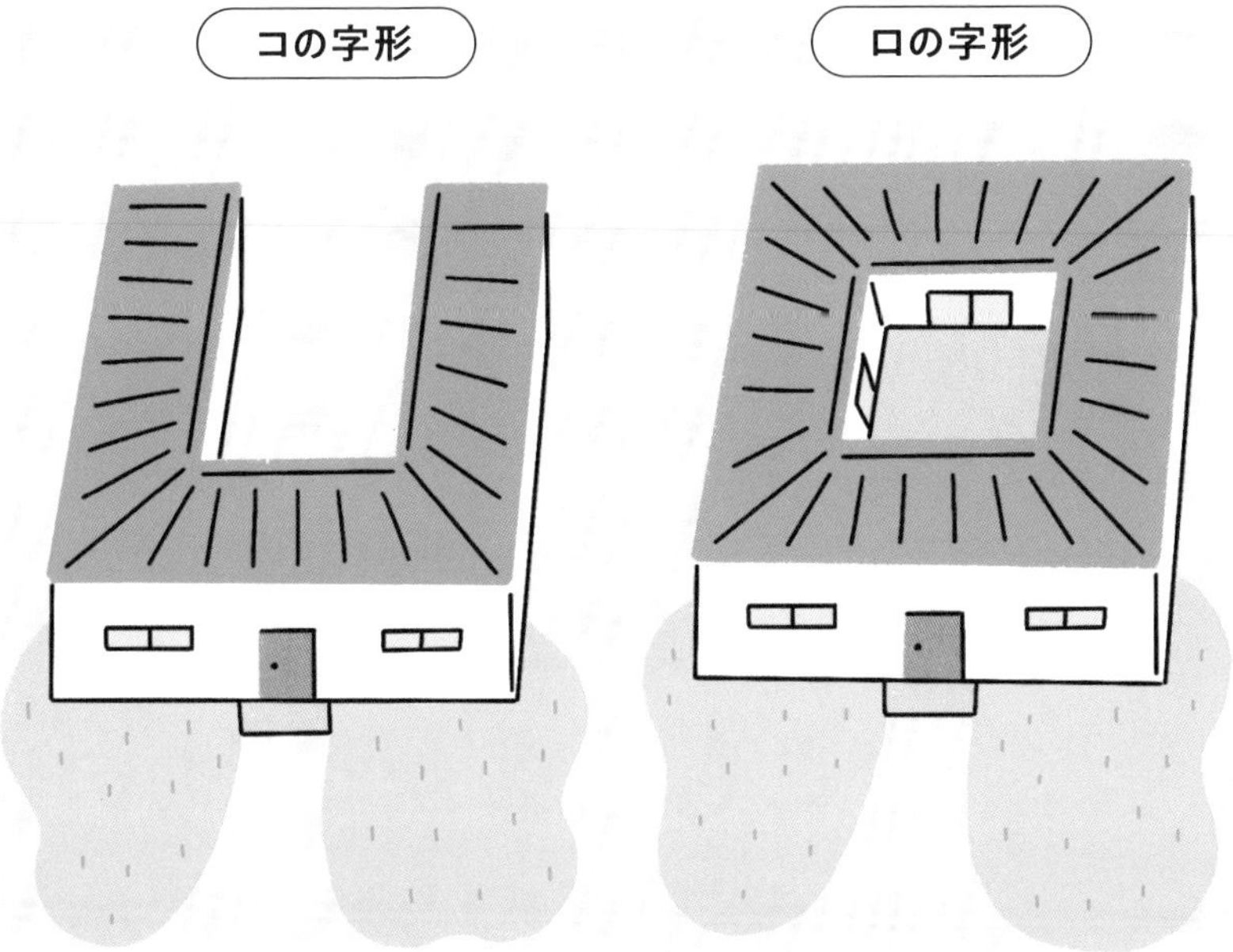

採光を優先するならコの字形に

プライベートな外空間をつくりたいときの代表的な間取りが、ロの字形とコの字形です。ロの字形は庭の4方が壁で隠れるため、外からの視線を遮れます。一方で、建物自体が庭に日陰をつくる要因にもなるので、採光を考慮して中庭の位置や広さを計画することが大切。コの字形は東西に建物があり、南側が抜けている場合に用いられやすい間取り。日光を室内にたっぷりと取り入れることができるので採光は◎。ただし、玄関の位置を建物の端に設けてしまうと、動線が悪くなるため、家の真ん中につくるのがおすすめ。

子どもたちに秘密基地をつくってあげたい

おこもり感が心地いい
スキップフロアがある家

黒田さん邸

OWNER'S VOICE

子どもたちがワクワクする家を建てました

「子どもたちの成長を見守れる家」をテーマに、家づくりを進めた黒田さん。眠る以外は1階ですごせるように間取りを考えました。子どもたちが楽しくすごすための工夫として、ブランコを設けたり、リビングの外にウッドデッキを配置したり。階段にはスキップフロアを設けました。秘密基地のような空間は子どもたちに好評で、よく遊んでいるそう。「リビングからも見える位置なので安心です」と奥さま。そんな住まいには、ウッドデッキにテーブルや椅子を出して朝食を食べたり、薪ストーブでつまみを調理しながら晩酌したりという楽しみも。家族みんなが心地よく暮らすアイデアが各所に詰まっています。

FLOOR PLAN

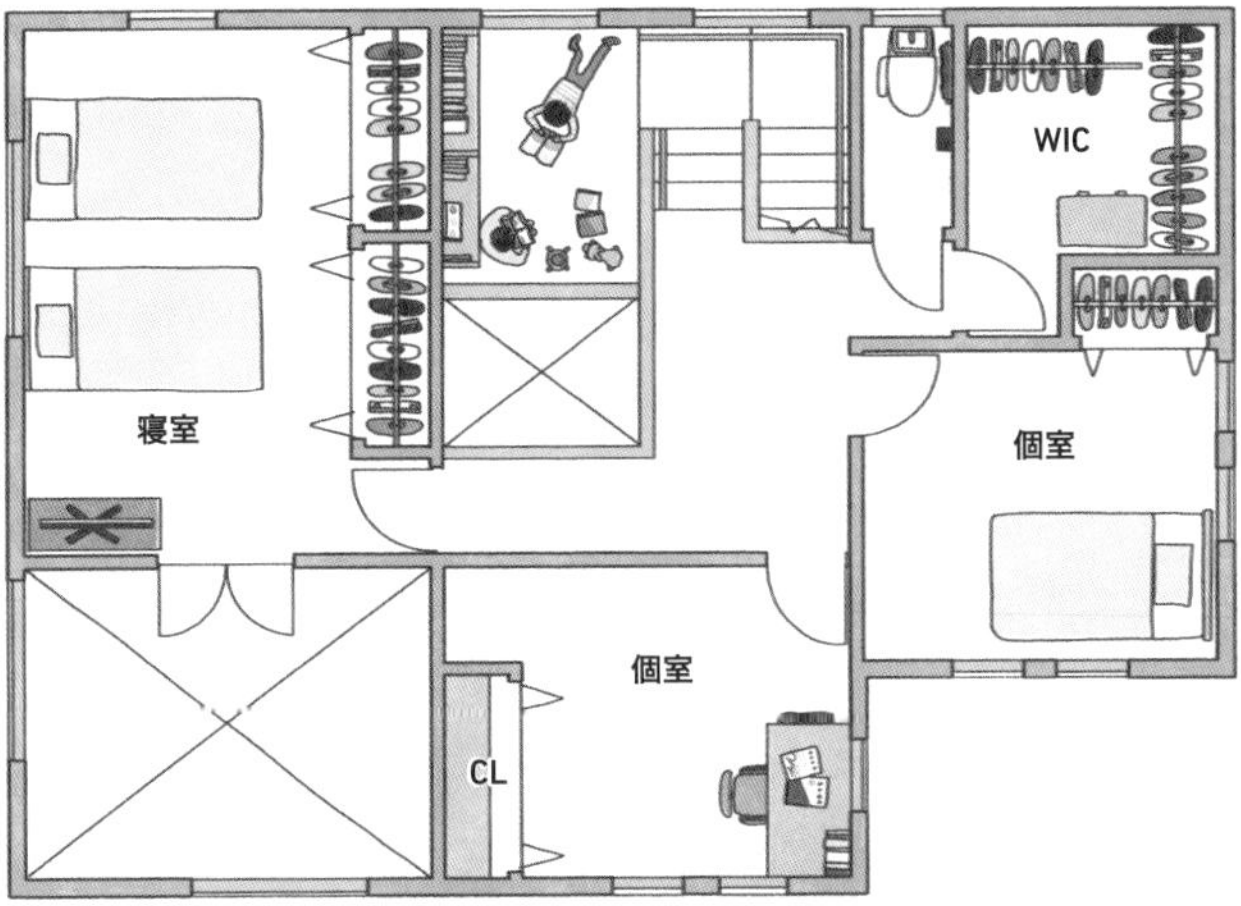

2F

夫婦と子ども2人、猫が暮らす黒田さん邸。スキップフロアやウッドデッキなどの余暇を楽しむコーナーはもちろん、生活動線を考えてちょうどいい場所に収納を設けて、片づけやすく、生活感を見せない工夫も注目。

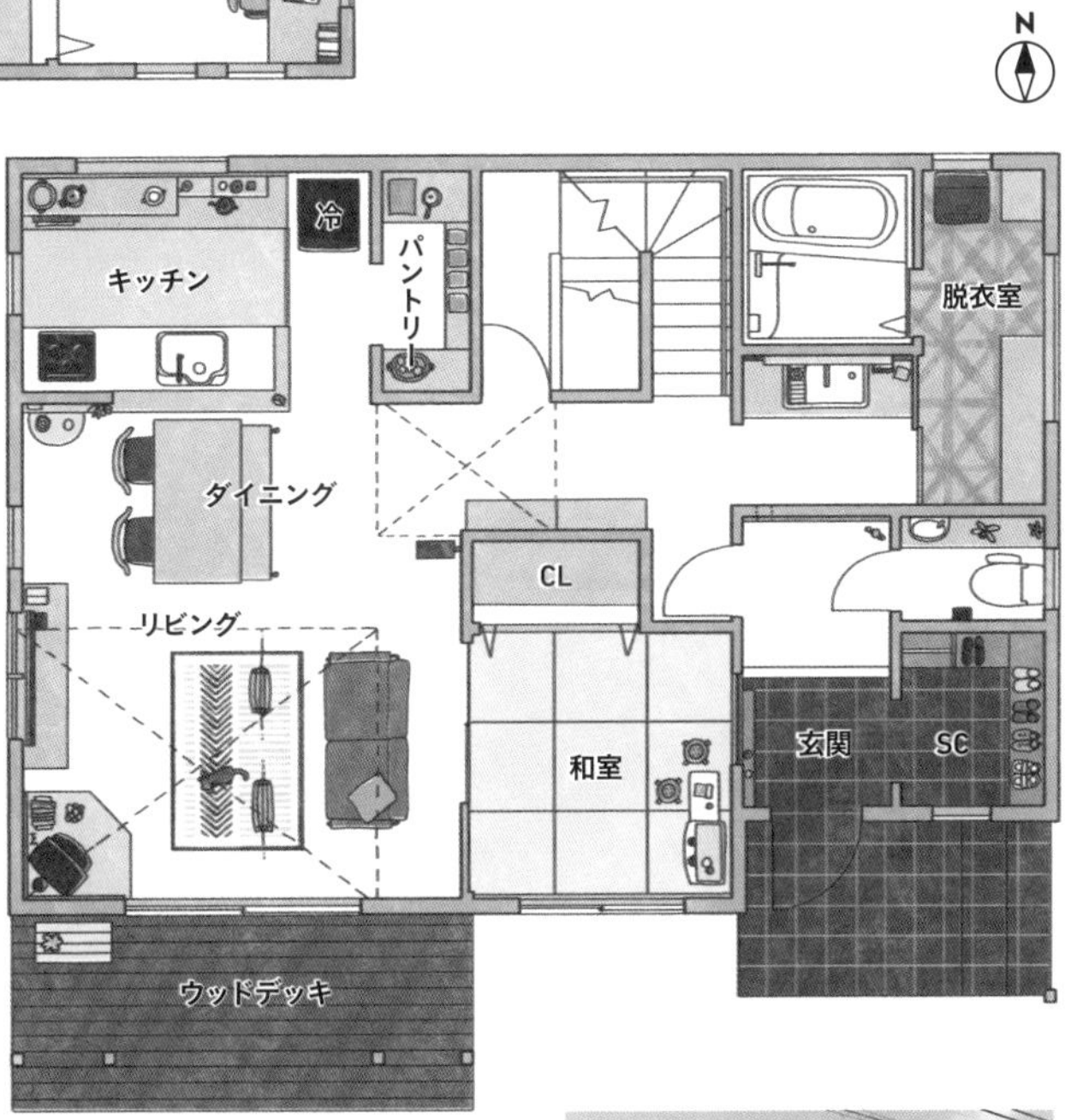

1F

住宅DATA

竣工：2022年7月
延床面積：131.24㎡（39.69坪）
（1階／73.28㎡　2階／57.96㎡）
構造・工法：2階建て（木造軸組工法）
設計・施工：福井建設

読み聞かせして2階の寝室に向かうのにちょうどいい場所

子どもたちの遊び場として活躍する黒田さん邸のスキップフロア。実はこの位置にも工夫があります。スキップフロアがあるのはリビングと2階の寝室の間。夜、リビングですごし、この場所で読み聞かせをしてから寝室に入るので、ちょうどいい動線上にあります。スキップフロアならではのおこもり感とほどよい明るさも、睡眠に入りやすい雰囲気づくりにひと役買っています。

POINT

スキップフロアの床下はパントリーに活用

スキップフロアを設けることによって生まれる床下のスペースを収納に活用すれば、空間を無駄なく生かせます。黒田さん邸ではキッチンの上に設けたので、床下をパントリーにしました。奥行きもあるため、食材がたくさんしまえるそう。

スキップフロアの棚は子どもたちが作った工作を飾ったり、散歩で拾った木の実や石を並べたりする飾り棚としても活用。「私たちの理想を工務店の担当者さんがすべて形に変えてくれて、うれしいかぎりです」。

吹き抜けに設けた小窓やブランコは子どもが喜ぶアイデア

リビングの吹き抜けの小窓は空間のアクセントや、子どもが喜ぶアイテムとして人気です。小さな子どもがいる場合は、誤って落下しないよう、格子にしたり、扉に鍵をつけるなどして防止対策を。

子どもたちの室内用の遊具として多いのが、梁《はり》を使ったブランコです。家庭用ブランコのキットはネットショップで購入でき、家を建てたあとに設置することも可能です。ただし、強度が必要なので、取り付け前には建築会社に確認するようにしましょう。また、ブランコの前後に充分なスペースを確保することもお忘れなく。

POINT

リビングから続くウッドデッキはアウトドア好きパパの憩いの場

ウッドデッキを設ける際のポイントはリビングと床の高さをそろえること。室内と一体感が生まれ、よりくつろげる場所になります。

オフ時間を
楽しめる家
14
パン作りを娘と一緒に楽しみたい

作業スペースがあちこちに！キッチンにゆとりがある家

Mさん邸

OWNER'S VOICE

親を招いてにぎやかにすごすのが楽しみ！

奥さまの両親が暮らす実家の敷地に建てたMさん邸。実家からの景観を邪魔しないようにと選んだのは平屋でした。当初は書斎やパントリーなどの部屋をつくる計画だったそうですが、限られた敷地を有効に生かすため、LDKを広くとることに。完成したのは開放感や奥行きを感じる住まいでした。コンパクトなぶん、生活動線が短いため家事がしやすいのもよかったそう。そんなMさん家族のオフの日の楽しみは、奥さまは子どもとキッチンに立ってパンやお菓子作り、ご主人は庭に出て植物の手入れをすること。「両親を招き、リビングでにぎやかにすごすことも多いです」と、家時間を楽しんでいるMさん家族です。

FLOOR PLAN

夫婦と子どもが暮らすMさん邸。見どころはLDKです。キッチンは外の景色を眺めながら料理ができるよう、壁づけタイプをセレクト。リビングに隣接した屋外にウッドデッキを設けたことで、外とのつながりが生まれました。

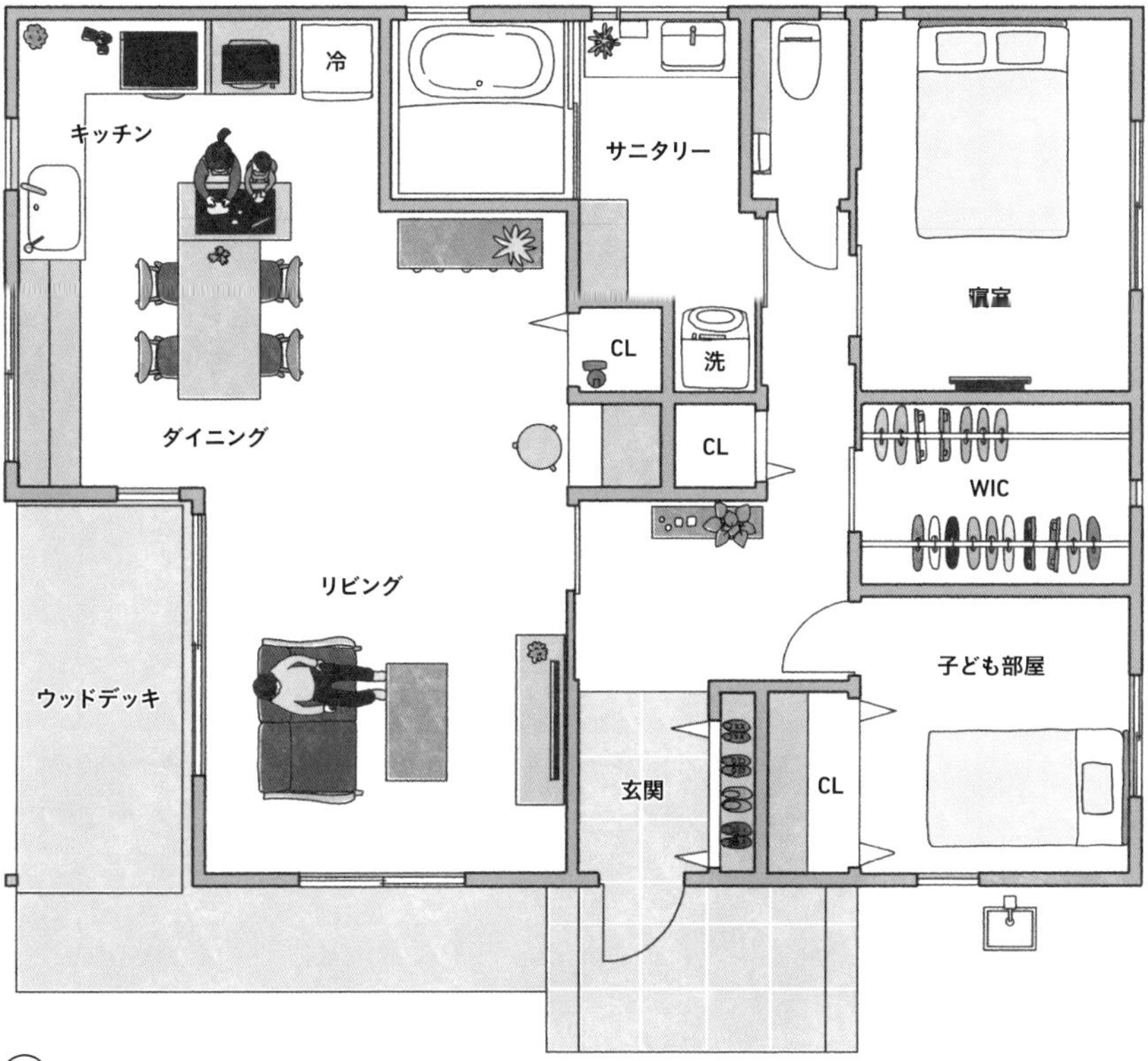

住宅DATA

竣工：2021年1月
延床面積：82.81㎡（25.05坪）
構造・工法：平屋（木造軸組工法）
設計・施工：ムラヤマ

収納棚を作業台としても使えるように既製品のキッチンと高さ・奥行きを統一

以前から子どもとお菓子作りをするのが楽しみだったという奥さま。材料や道具を広げられる作業スペースを確保するため、作業台を兼ねた収納棚を流し台の高さにそろえて設けました。収納棚の上部には高さの低いオープンの棚をつけたので、不要なものをしまいやすく、作業スペースをすっきり保つのに役立っています。

POINT

天板には大理石が埋め込まれています

パン生地をこねるために作った作業台。強い力が加わるため、トップには人造大理石を採用。費用は約15万円（人造大理石代を除く）。

収納棚は高さだけでなく、奥行きや素材、質感、色合いもそろえたので、統一感があって見た目もすっきり。

奥がダイニングとキッチン。リビングと天井の高さを変えることで、空間にメリハリが生まれます。

コンパクトながらLDKをL字にして窓をふやし抜けと明るさを確保

寝るとき以外のほとんどをLDKですごすというMさん家族。21畳の空間を居心地のいい場所にするため、勾配《こうばい》天井にしました。また、建物の南東側の角をくぼませてウッドデッキを配置し、建物に凹凸をつくっています。視覚的に空間が分かれることで奥行きを感じやすく、また、採光を2方向からとれるメリットが。ウッドデッキはご主人が庭を眺めながらコーヒーを飲む場所として、活躍しているそうです。

オフ時間を楽しめる家
15

海を眺めながら暮らしたい

1階と2階に広いデッキを設けた家

鈴木さん邸

OWNER'S VOICE

夏はデッキから花火大会が楽しめます

遠くに瀬戸内海が望め、気持ちのいい風が抜ける鈴木さん邸。ねらっていた土地が売りに出たことを知り、家づくりを進めていきました。デザイン面では自然素材とヴィンテージ風をメインに、間取りでは景色を生かすことにこだわったそう。海がある東側に向かって部屋の配置を計画。1・2階ともにデッキを設けて、眺望を楽しめるようにしました。夏になると、2階のデッキから地元の花火大会が見えるのが楽しみのひとつだそう。「天気のいい日は外でごはんを食べたり、子どもたちが庭で遊んでいる様子を眺めたり。この家のおかげで家族時間がより楽しいものなりました」と笑顔で話します。

FLOOR PLAN

夫婦と子ども3人が暮らす鈴木さん邸。眺望を優先し、LDKは東側に、寝室や子ども部屋は西側にと分けました。玄関や浴室、トイレなどの共用スペースは家の中央に配置してアクセスしやすく。

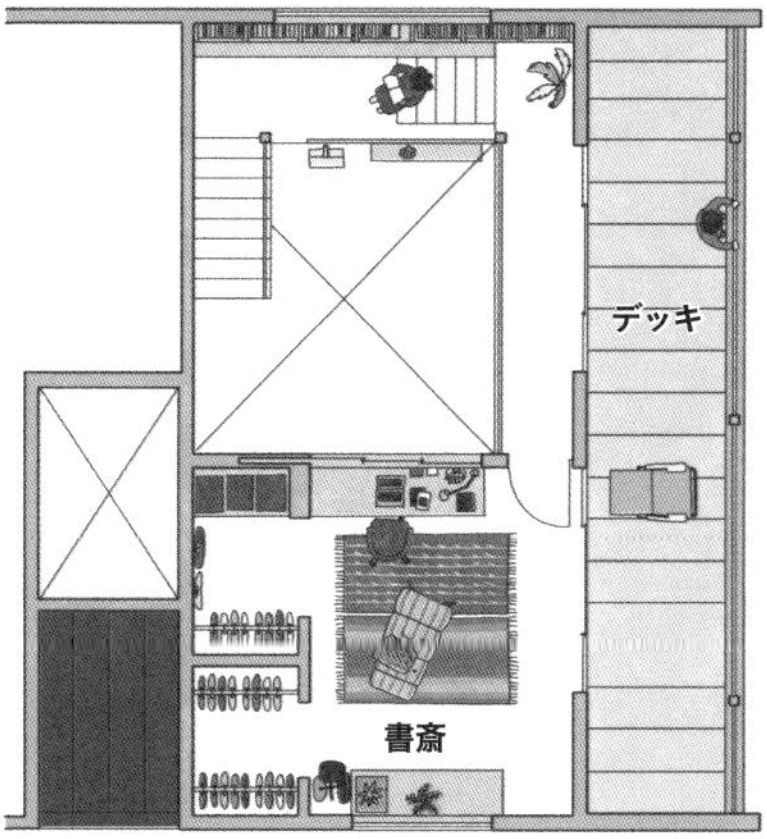

2F

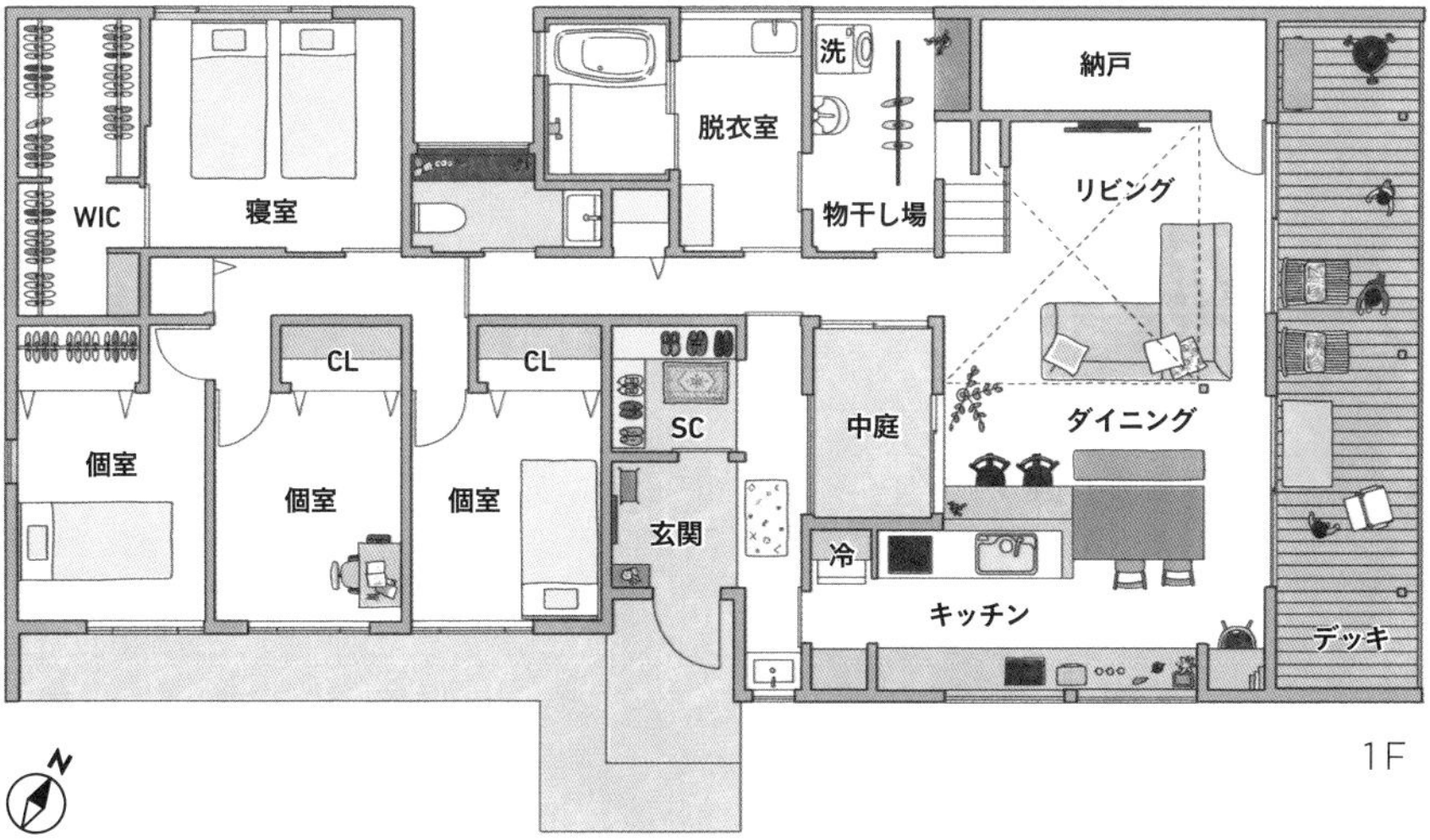

1F

住宅DATA

竣工：2021年7月
延床面積：185.49㎡（56.11坪）
（1階／155.68㎡　2階／29.81㎡）
構造・工法：2階建て（木造軸組工法）
設計・施工：コラボハウス一級建築士事務所

キッチンの背面には奥さまのリクエストで設けたカウンターデスクがあります。料理の合間にパソコン作業をするのにアクセスしやすいと満足。

キッチンの高窓や中庭のおかげで明るさは充分

鈴木さんがこだわったのは、東側にある海の眺望でした。海を眺めながら食事をしたり、ソファでくつろいだりという理想は実現できましたが、南側に大きな窓がないため気になるのは採光の問題です。そこで、キッチンの背面に高窓を設けたほか、家の中心に中庭をつくりました。LDKのすみずみまで光が届くので、明るさは充分です。

POINT

玄関に動線を2つ設けてキッチンへ行きやすく

玄関から廊下を通ってリビングに入る動線のほか、廊下からキッチンに入る動線も。重たい食材を買って帰ったときにその便利さを感じるそう。

2階はご主人の書斎を遊びも在宅ワークも集中できます

片流れ屋根の鈴木さん邸。LDKのある東側の屋根を高くとることで生まれる天井高の余裕を、書斎として生かすことにしたそう。11畳とゆったりとスペースをとり、たくさんの服を整理してしまえるクロゼットも設けました。2階は書斎のみなので、在宅ワークも集中でき、プライベートでは音楽を聴いたり、本を読んだりしてすごすとか。

書斎は吹き抜けに面しているので、内窓からリビングにいる家族の様子がうかがえます。写真の奥が私服用のクロゼット。仕事着は身支度のしやすさを優先して、1階のクロゼットに収納しています。

2階にもデッキスペースを設けました。奥行きは約1.8mあり、部屋のようにくつろぎながら海を眺められます。

書棚は造作。いちばん下の段の奥行きを深くして棚板を出したので、子どもが高い位置にある本を手に取りやすいです。ベンチとして座って読むのにも最適。

スキップフロアに書棚を設置 階段が椅子として活躍します

本を読むのが好きな人には読書用の部屋を設けるのがおすすめです。けれど、趣味のための部屋は後まわしになりがちなので、スペースを確保できない場合も。そこで、階段を活用するという方法があります。鈴木さん邸の場合、横に長いスキップフロアをつくり、書棚を設置し、読書コーナーにしました。LDKとはフロアが違うので、プライベート感もあり、落ち着いて本を読むのにぴったりです。

書棚のあるスキップフロアから吹き抜けを見た様子。ダイニングとほどよい距離があるので、静かにすごせます。

書棚には本だけでなくCD、DVDなども収納され、圧巻。インテリアとしても素敵です。

オフ時間を楽しめる家
16

子どもたちがのびのびすごす姿を見ていたい

将来は子ども部屋に!
12畳の遊び場がある家

宮下さん邸

OWNER'S VOICE

子育てしやすく
子どもたちも安心して
すごせる間取りを考えました

アパート暮らしのとき、子どもたちが走る音や泣き声がずっと気になっていたという宮下さん夫婦。そこで、一戸建てをマイホームとして選びました。子どもたちにがまんをさせていたこともあり、家づくりではのびのびすごせる間取りを考えたそう。そのひとつが2階のフリースペースです。将来は壁で仕切ることを想定した可変式の子ども部屋空間で、12畳と広々。勾配《こうばい》天井にし、吹き抜けを設けたので、開放感だけでなく1階とのつながりもあります。屋外にはウッドデッキを作り、ブランコを作ったおかげで子どもたちはうれしそう。そんな笑顔を見るのが宮下さん夫婦の楽しみです。

FLOOR PLAN

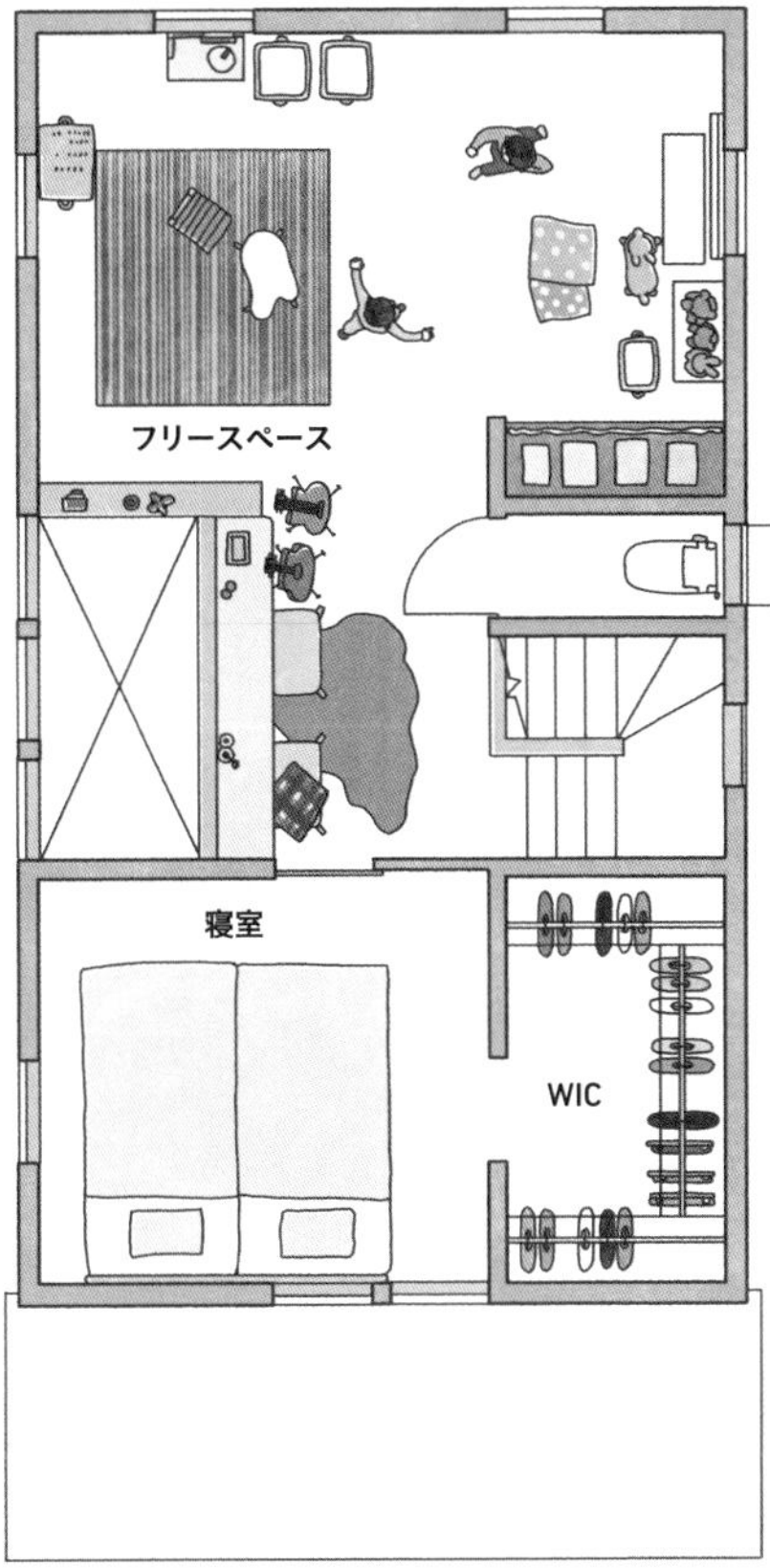

2F

夫婦と子ども2人が暮らす宮下さん邸。玄関からキッチンとダイニングへつながる2つの動線を設けたことと、将来部屋を壁で仕切ることができる2階のフリースペースがポイントです。

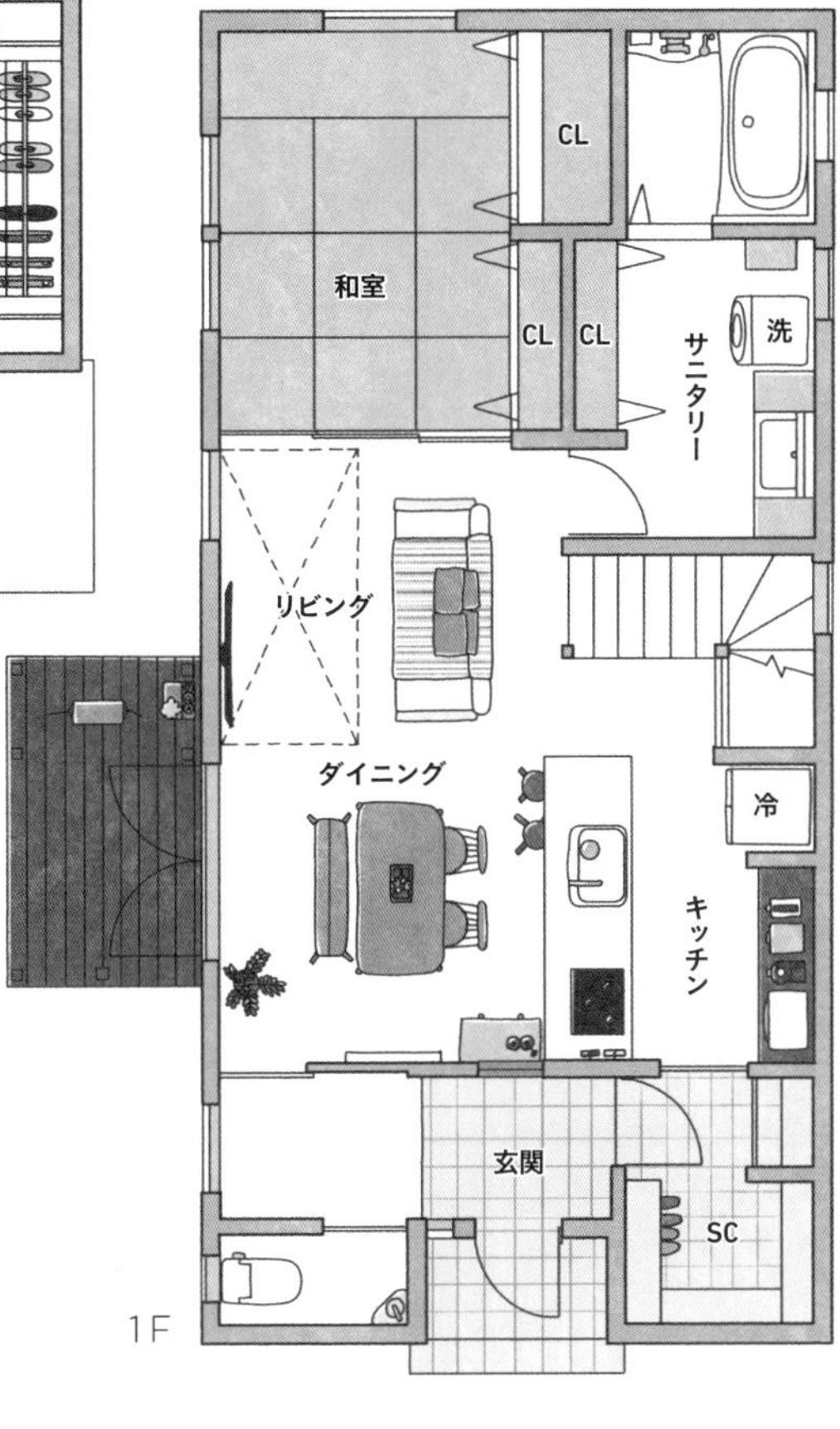

1F

住宅DATA

竣工：2016年11月
延床面積：108.64㎡（32.86坪）
（1階／60.31㎡　2階／48.33㎡）
構造・工法：2階建て（木造軸組工法）
設計・施工：土屋建設

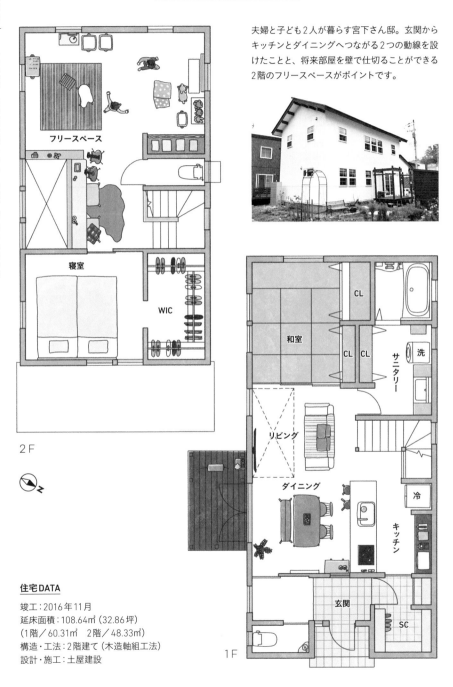

あとから部屋として仕切れるよう クロゼットやコンセントも考慮して

吹き抜けに面した壁面にカウンターデスクを造作。子どもたちが小さな今は、奥さまのワークデスクとして活用。

子どもが小さいときは広いひと部屋にしておき、将来成長したときは壁で区切って個室にできる空間を設けておくと、今も将来も暮らしやすくなります。その場合、窓やクロゼット、コンセント、照明を部屋数だけ用意しておくことをお忘れなく。宮下さん邸では先のことを考えて2階にもトイレを設けました。

POINT

ウッドデッキも遊び場に

ダイニングに面した屋外のウッドデッキはご主人のDIY。上部に角材を渡し、ブランコをかけて子どもの遊び場として活用しているそう。

玄関とキッチンをつなぐことで帰宅動線を最短化できます

家事にかける時間を減らして子どもたちとの時間をつくるため、宮下さんは家事動線のいい間取りを考えました。シューズクロークにキッチンにつながる勝手口を設けた間取りが、その一例。買い物から帰宅してすぐにキッチンに入れるので、重たい食材を持って室内を歩きまわらなくて済みます。ゴミ出し時に室内を通らないのもうれしい点です。

シューズクロークの一角にパントリーとアウター置き場があるので、帰宅後、上着をかけて、食材を仕分けしてキッチンに入れます。

キッチンのすぐ隣に階段を配置したので、子どもたちの表情を常に見ることができます。

猫とゴロゴロする場所が欲しい

寝室と仕事場の間に小さな和室を設けた家

雨宮さん邸

OWNER'S VOICE

2階に上がるたび畳の香りがして癒やされます

家を建てるのは2回目という雨宮さん夫婦。前回の家づくりの経験から、優先順位がはっきり決まっていたそう。そのひとつが和室です。自宅でデザインの仕事をしているため、ゴロンと横になって息抜きできるようにとリクエストしたそうです。「お風呂上がりにストレッチしたり、猫とお昼寝するのも気持ちよくて」と雨宮さん。また、2階にサニタリーを設けたのも優先したこと。2階ですごすことが多いという理由からですが、浴室とベランダが隣り合っているのもいいところです。「入浴後、ベランダでぼーっとすごすのが気持ちいいんです」と、満足げの雨宮さんです。

FLOOR PLAN

夫婦が暮らす雨宮さん邸。1・2階を合わせて約98㎡というサイズながら、廊下を設けず、各部屋を仕切る扉もなくしたことで、フロア全体につながりを感じる広々とした住まいに。

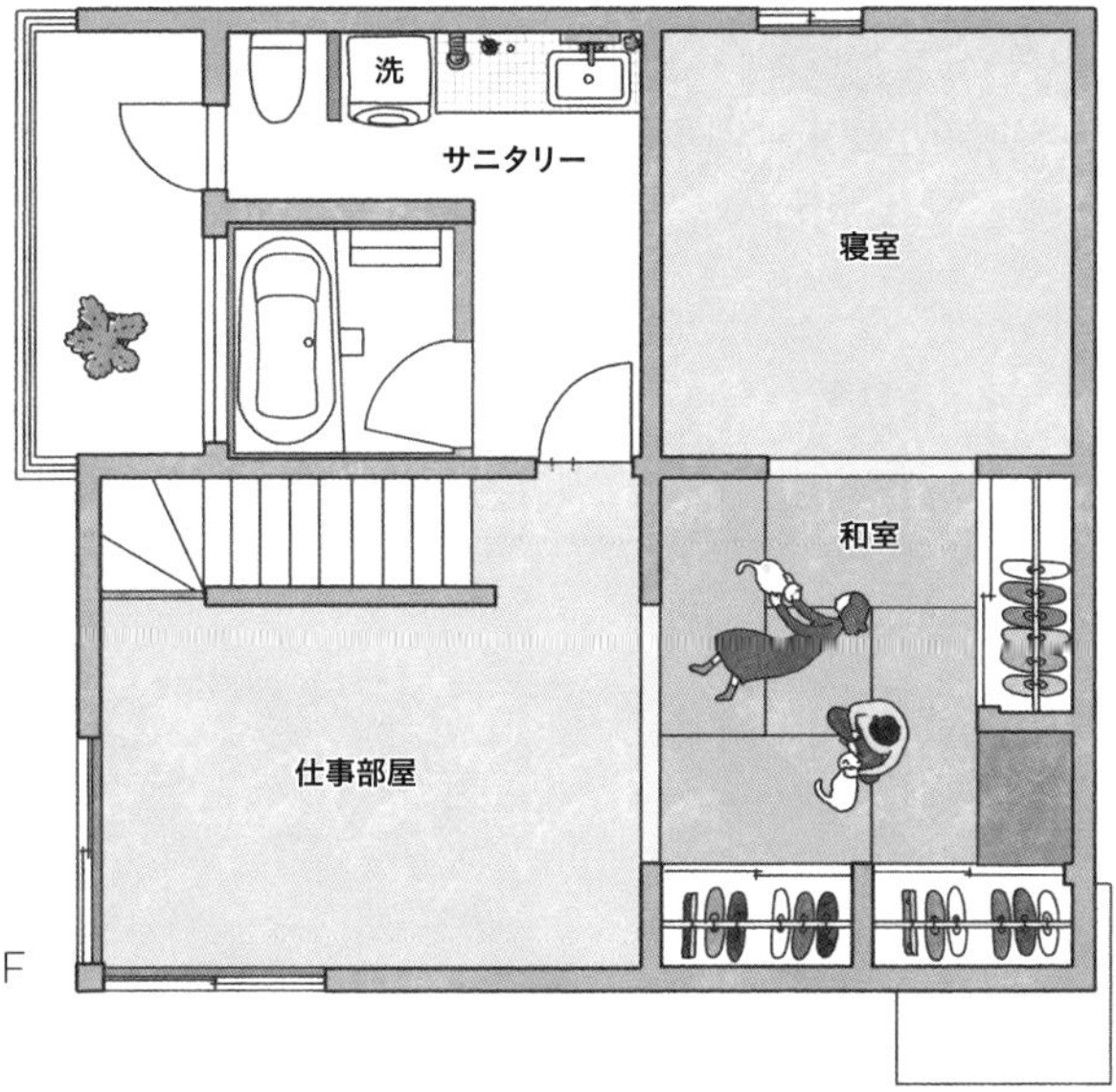

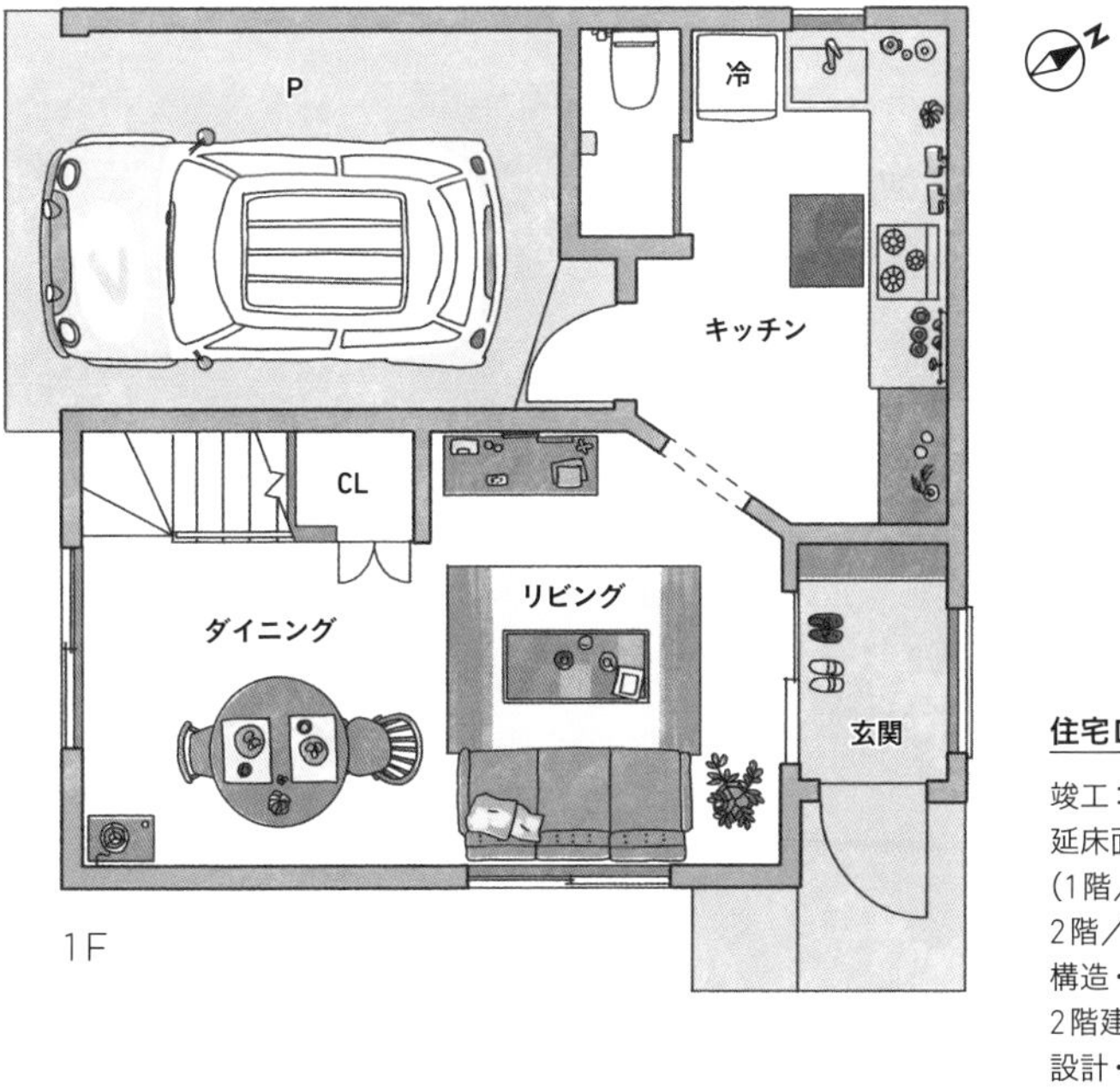

住宅DATA

竣工：2022年9月
延床面積：98.02㎡（29.65坪）
（1階／48.54㎡ガレージ含む
2階／49.48㎡）
構造・工法：
2階建て（木造軸組工法）
設計・施工：オレンジハウス

開放感をつくるため扉を設けない造りに

手前が夫婦の仕事部屋、奥の部屋が寝室。仕事部屋と寝室の間には、横になって本を読んだり、テレビを見たりして休憩できるよう、和室を配置。北側の位置で窓がなく、ほどよい暗さが落ち着きます。

2階ですごすことが多く、部屋を行き来しやすいように部屋の仕切りに扉を設けなかった雨宮さん。細切れの間取りにおいて、閉塞感を感じにくくするための工夫です。雨宮さん邸では2階を使うのは夫婦だけと事前に決まっていましたが、来客が想定される場合はカーテンなどで部屋を目隠しできるようにしておくことも必要です。

POINT

猫がすごしやすい工夫もあちこちに

階段下を猫のトイレスペースに。匂いを抑えるために木製パネルを造作。ほかに、2階の天井の梁《はり》を現しにし、キャットウォークとして活用。

外を眺めながら食事ができるようダイニングを南側に配置

リビング・ダイニングは11畳。キッチンから近い側にダイニングを配置し、リビングを南側に据えるのが定番ですが、雨宮さん邸では外を見ながら食事をしたいという理由から、ダイニングを南側に置きました。明るい空間のなか心地よく朝食を味わえます。また、キッチンが独立しているのも見どころ。集中して料理ができるうえ、リビングやダイニングに生活感が出にくくなるというメリットがあります。雨宮さん邸では約6畳とゆったりスペースをとったので、圧迫感もなく、居心地のいいキッチンになりました。

POINT

独立型キッチンはガレージとつながりも！

キッチンの勝手口の先にはガレージがあります。現在は駐車専用ですが、将来、店舗のような使い方をするときの調理場としても生かせる配置です。

玄関を入るとすぐにリビングがある間取り。「ソファに座っておやつを食べながらレコードをかけるのが休日の楽しみです」と雨宮さん。

オフ時間を
楽しめる家
18
子どもたちとの時間を大切にしたい

つながりを優先！
家族5人が暮らす1LDKの家

江頭さん邸

OWNER'S VOICE

休日に家ですごす時間がふえました

結婚当初から家づくりに憧れがあった江頭さん夫婦。さまざまな雑誌から家の切り抜きを集めはじめてから6年後、念願のわが家を完成させました。大切にしたのはライフステージの変化に対応できる余白。「将来、夫婦二人暮らしになったときのことも考慮した間取りにしました」と江頭さん。1階には玄関からひと続きのLDKをつくり、2階には将来個室に分けられるフリースペースを設けました。仕切りを最小限にしたので室内は開放的。そんな住まいでの休日は鬼ごっこをしたり、かくれんぼをしたり。「子どもと顔を向き合わせてすごせる今を楽しんでいます」という江頭さんです。

FLOOR PLAN

夫婦と子ども3人が暮らす江頭さん邸。1階は10畳の玄関土間と17畳のＬＤＫを中心に、サニタリーやトイレなどの水まわりは1カ所に集めました。ツールや食材の場所がひと目でわかるフルオープンの造作キッチンも注目。

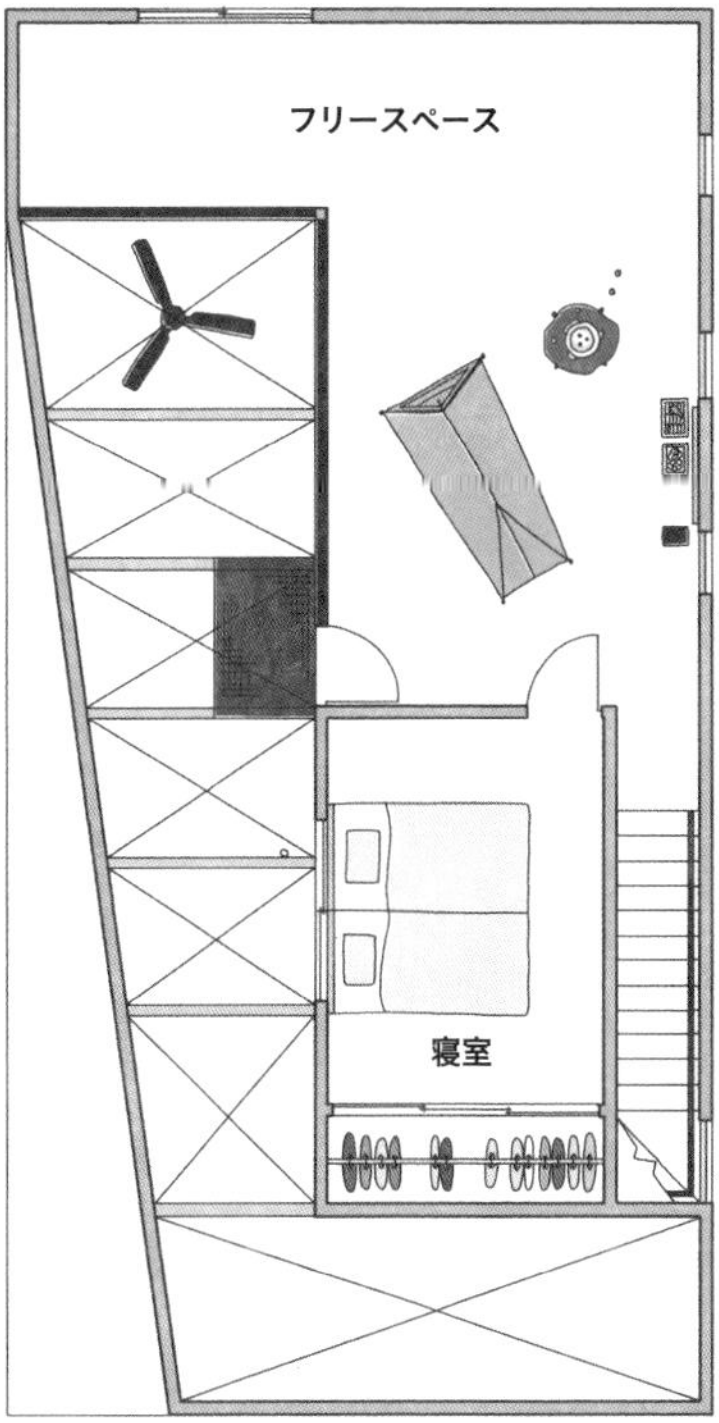

2F

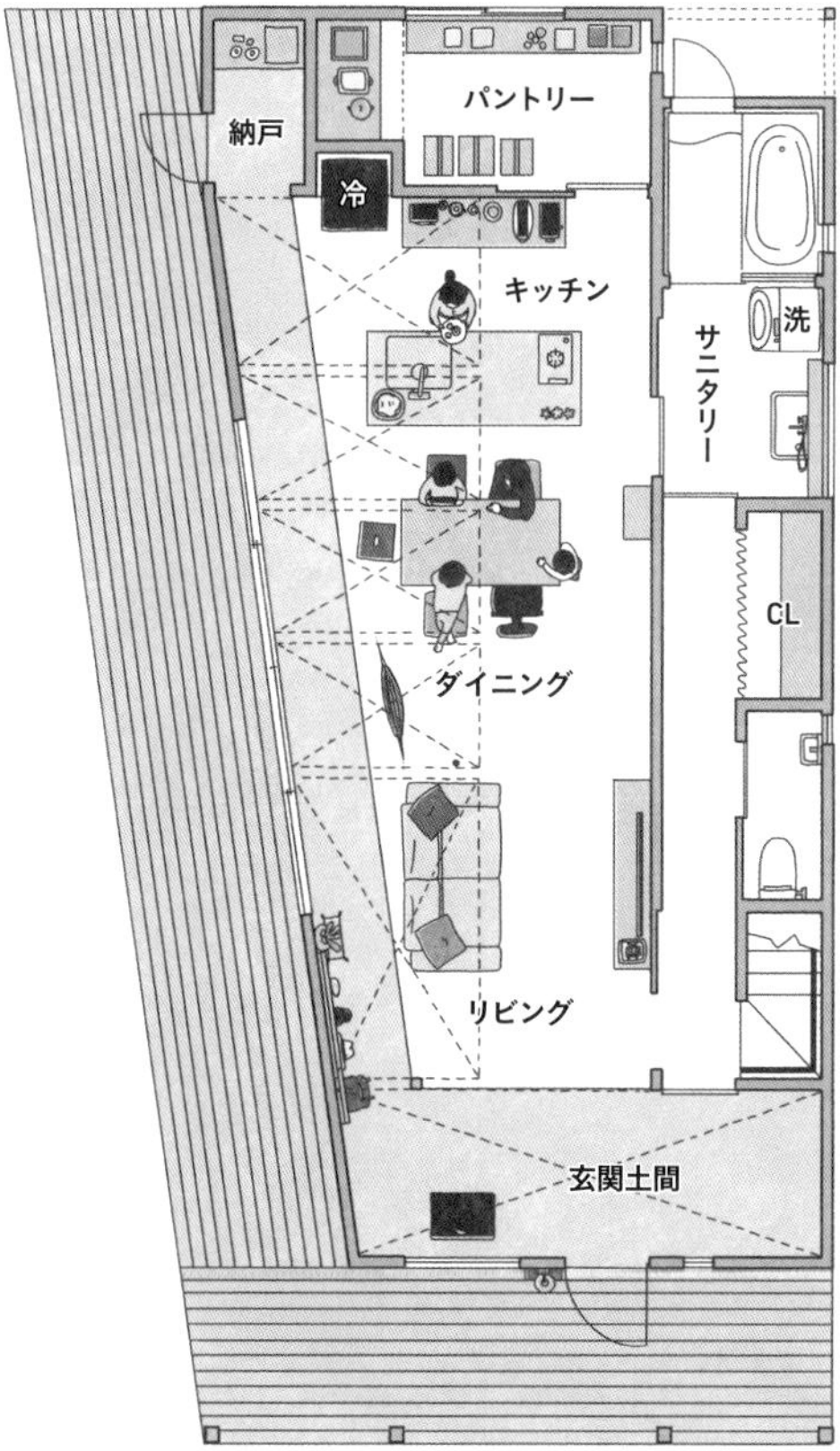

1F

住宅DATA

竣工：2019年4月
延床面積：118.4㎡（35.81坪）
（1階／73.40㎡　2階／45.00㎡）
構造・工法：2階建て（木造軸組工法）
設計・施工：ムラヤマ

LDKを土間で囲う間取り。家の内外の境界を曖昧にすることで、屋外のデッキとつながりが生まれ、自然との距離が近づきます。

壁材にOSBボードを採用 飾ったり、収納したりと 壁の自由度が広がります

アウトドアが好きなご主人。ログハウスのような雰囲気をつくりたくて、壁はOSBボードで仕上げました。壁材として一般的に用いられるプラスターボードにくらべて、下地を気にせず釘やビスを打ちつけやすいので、アートをかけたり、飾り棚をつけたり、壁を自由にアレンジできるのがいいところ。また、建築コストもお得になります。

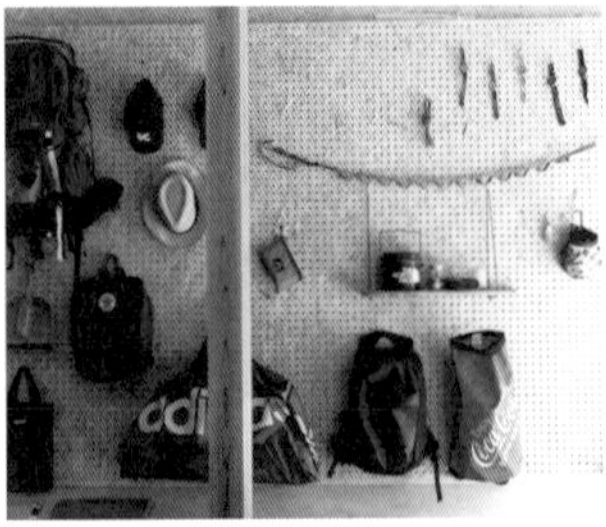

「好きなものを眺めていたい」というご主人の希望で、壁に有孔ボードを張り、キャンプグッズを見せながら収納しています。

東西に広がる吹き抜けは2階の様子が見やすくてGOOD

2階の様子がわかるよう、吹き抜けを広くとった江頭さん邸ですが、気になるのが冷暖房の効きです。冷たい空気は下に、暖かい空気は上にたまるので、吹き抜けによって上下階で温度差が出やすくなります。江頭さん邸は外張り断熱工法のため、温度差が少なく、また薪ストーブも設置したので、冬も1階は暖かくすごせるそうです。

POINT

将来は3部屋に仕切る予定

17畳のフリースペースは、子どもたちが成長したとき、3部屋に分ける予定。そのため、窓やコンセント、照明を3カ所ずつ設けました。

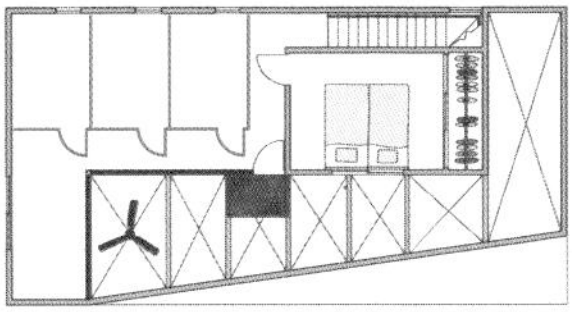

勾配《こうばい》天井やアイアンのシンプルな手すりのおかげで広く感じます。吹き抜けには1階の床につながる鉄棒も。

夫婦それぞれの好きを楽しめる家にしたい

夫婦がほどよい距離感を保てる3畳の書斎を設けた家

浅野さん邸

OWNER'S VOICE

お互いの時間を尊重できる家になって大満足！

ご主人の実家の土地の一部を譲り受けたことを機に、マイホーム計画が進んでいった浅野さん。10年後も飽きがこないすっきりした家を目指し、収納をしっかり確保したそうです。2階には約5畳のファミリークロゼットを設け、収納量を管理しやすく。たくさんの本は書斎に設けた造作の書棚に集約しました。おかげで、新居は常にすっきりしているそう。「部屋が散らからず、片づけの手間がないので、自分たちの好きなことに時間をとれるようになりました」と、奥さま。奥さまは書斎で読書、ご主人はリビングでゲームと、それぞれの楽しみを存分に満喫しています。

FLOOR PLAN

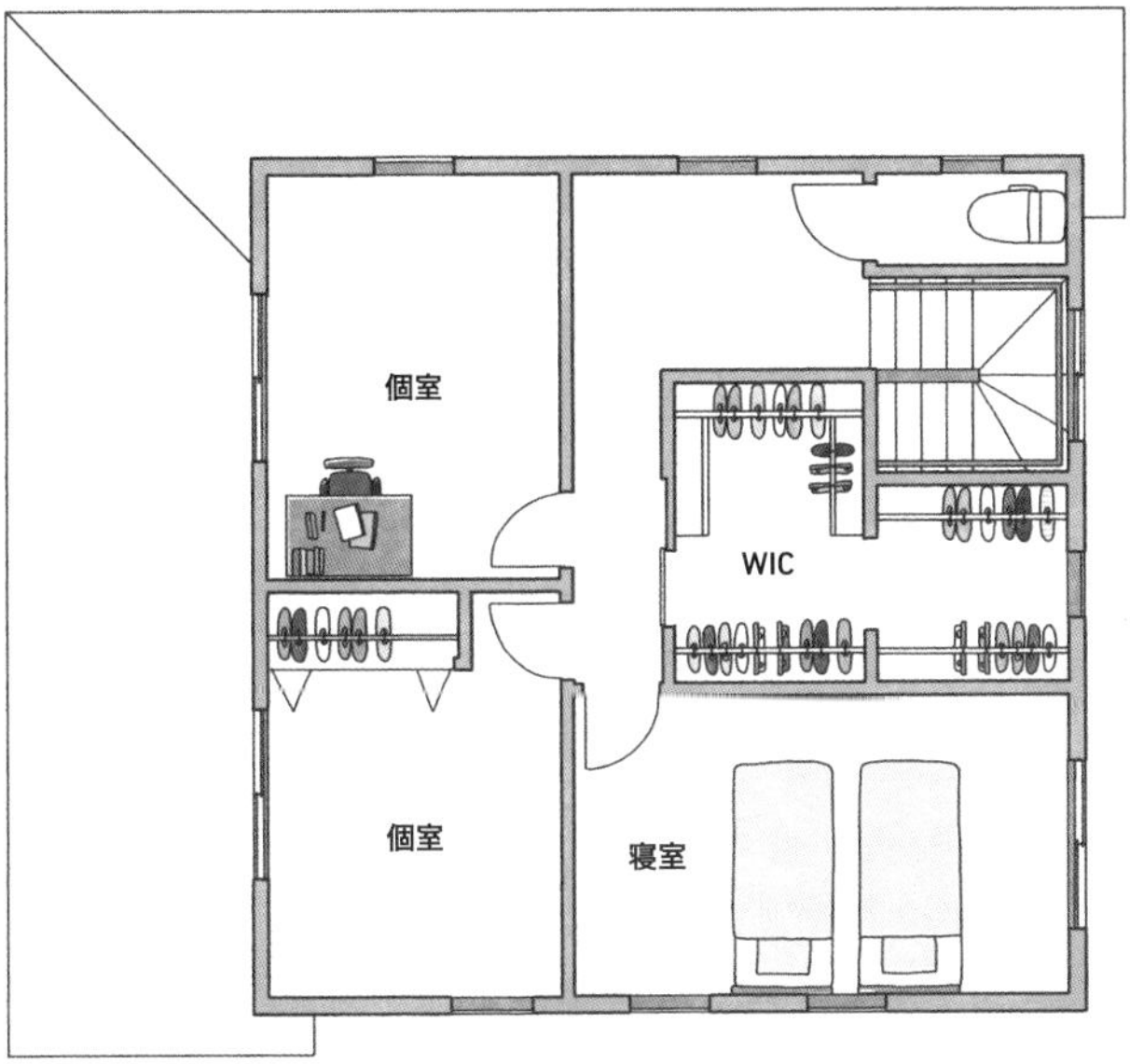

2F

夫婦が暮らす浅野さん邸。雪国のため、暖房効率を優先して、吹き抜けやリビング階段はあきらめたそう。その代わり、リビングは3面に窓をつけ、ウッドデッキも設けて、開放感や明るさを得られるように。

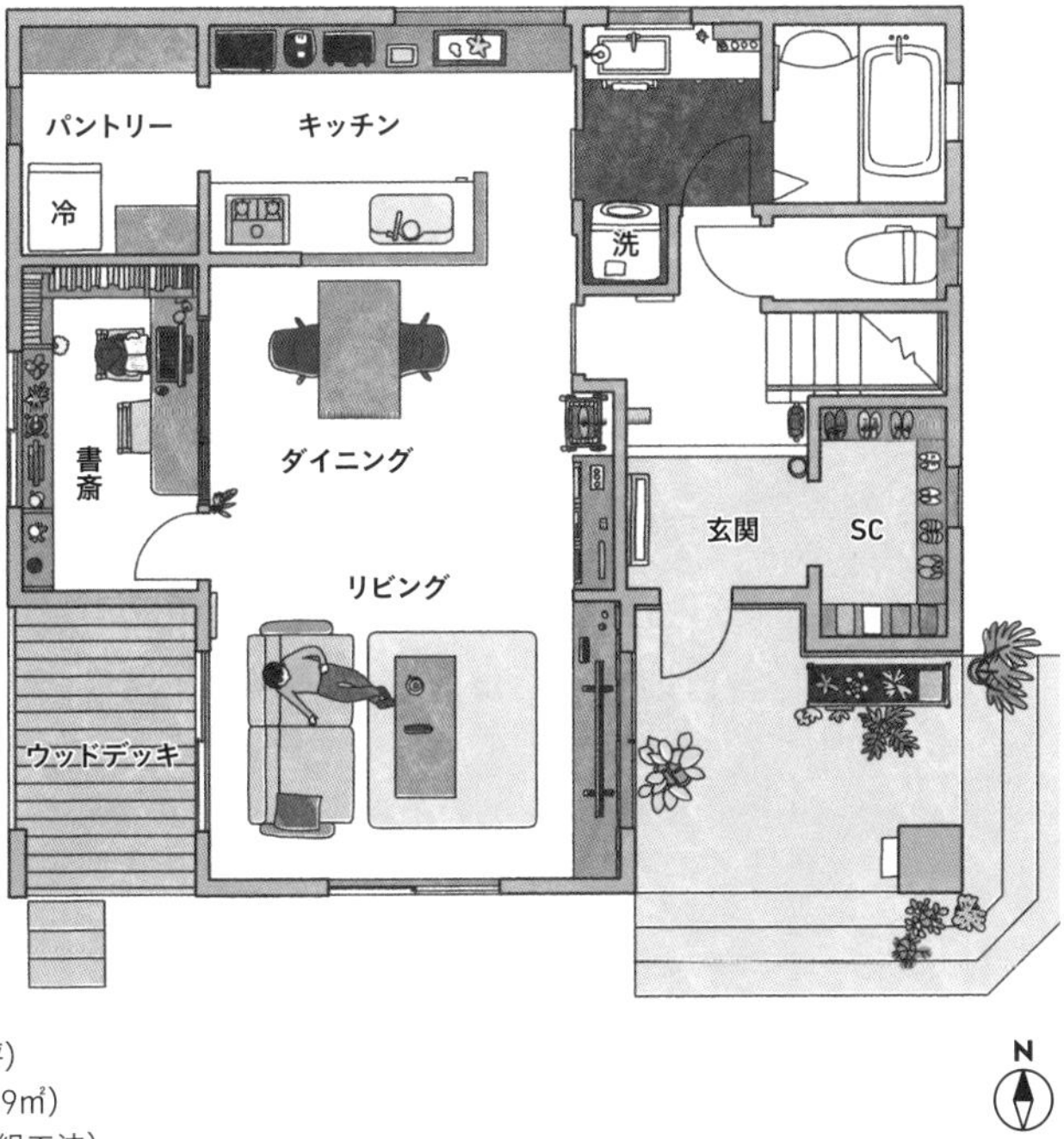

1F

住宅DATA

竣工：2017年8月
延床面積：114.47㎡（34.62坪）
（1階／61.48㎡　2階／52.99㎡）
構造・工法：2階建て（木造軸組工法）
設計・施工：福井建設

内窓を設けたのがポイント 狭さを感じにくく 家族の気配は感じやすく

読書が趣味という奥さまの希望で設けた書斎。集中して読めるように個室として独立させながら、内窓を設けたのでLDとつながりが生まれ、閉塞《へいそく》感がありません。「夫がリビングでゲームをしていても、読書はもちろんのこと、映画鑑賞なども気兼ねなくできます」と浅野さん。また、居心地よくする工夫として窓を設けたのがポイント。明るさや開放感だけでなく、換気できるので気分をリフレッシュしやすくなります。

POINT

ゲーム部屋にするなら LAN配線があるといい

最近少しずつふえているゲーム部屋。押さえておきたいのが配線です。通信速度や安定性を高めるため、無線よりLANケーブルを用いた有線接続が安心。また、電源を複数使うことも考慮して、マルチメディアコンセントがおすすめです。

書斎には壁一面の大きな書棚を造作。たくさんの本を整理して収納でき、眺めても楽しいコーナーに。

リビングからキッチンを見たときに生活感が出ないよう、キッチンの隣にパントリーを設けて、冷蔵庫置き場も兼ねました。

南に面したリビングは３面採光のため、明るくて暖か。リビングではご主人が植物の植え替えをしたり、ゲームをしてすごしているそう。

オフ時間を
楽しめる家
20

自由気ままにソーイングを楽しみたい

パントリーにアトリエを設けた家

秋屋さん邸

OWNER'S VOICE

アトリエはキッチンの裏なので道具や材料を出したままでもLDから見えにくいんです

子どもが生まれたことをきっかけに、思いきってマイホームを建てた秋屋さん。以前の手狭なアパートでは片づけに日々悩まされていたそう。そこで、キッチン裏のスペースにファミリークロゼットや書棚、パントリーなどの収納をまとめたことで、効率よく家事をこなせるようになり、片づけのストレスから解放されました。時間に余裕ができたぶん、奥さまは趣味のソーイングを楽しめるように。子どもは階段横の畳コーナーで遊んだり、ご主人は2階の廊下に設けた書斎で本を読んだりと、家族みんなの楽しいを実現できたことが喜びだそうです。

FLOOR PLAN

夫婦と子どもが暮らす秋屋さん邸。服や食材などの収納をキッチン裏に集約したので、身支度も片づけもスムーズにできます。また、玄関を入って正面に手洗い場を用意。帰宅動線もよく、動きに無駄がない間取りが特徴です。

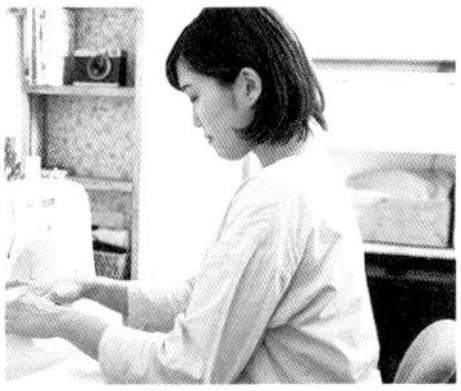

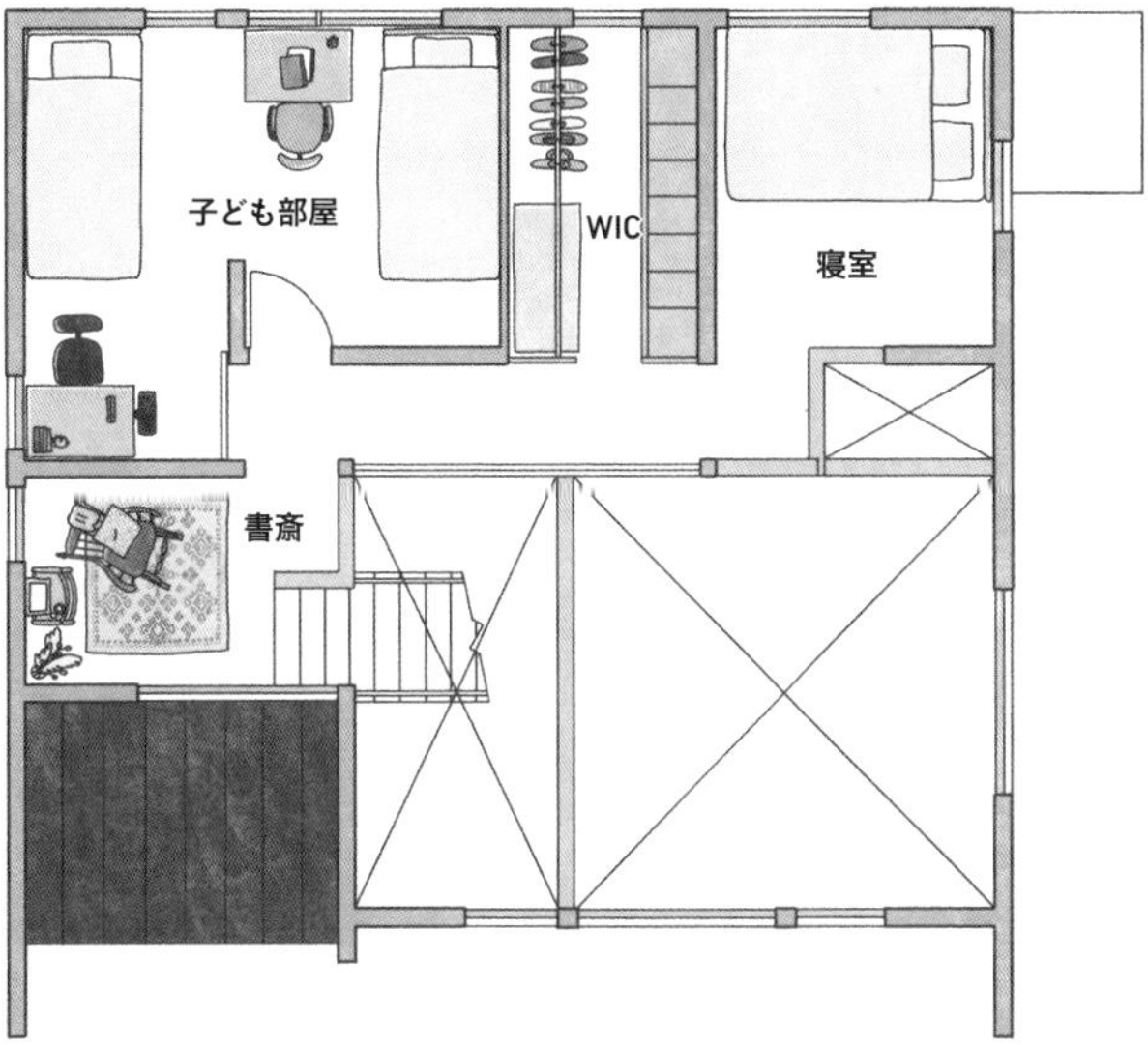

2F

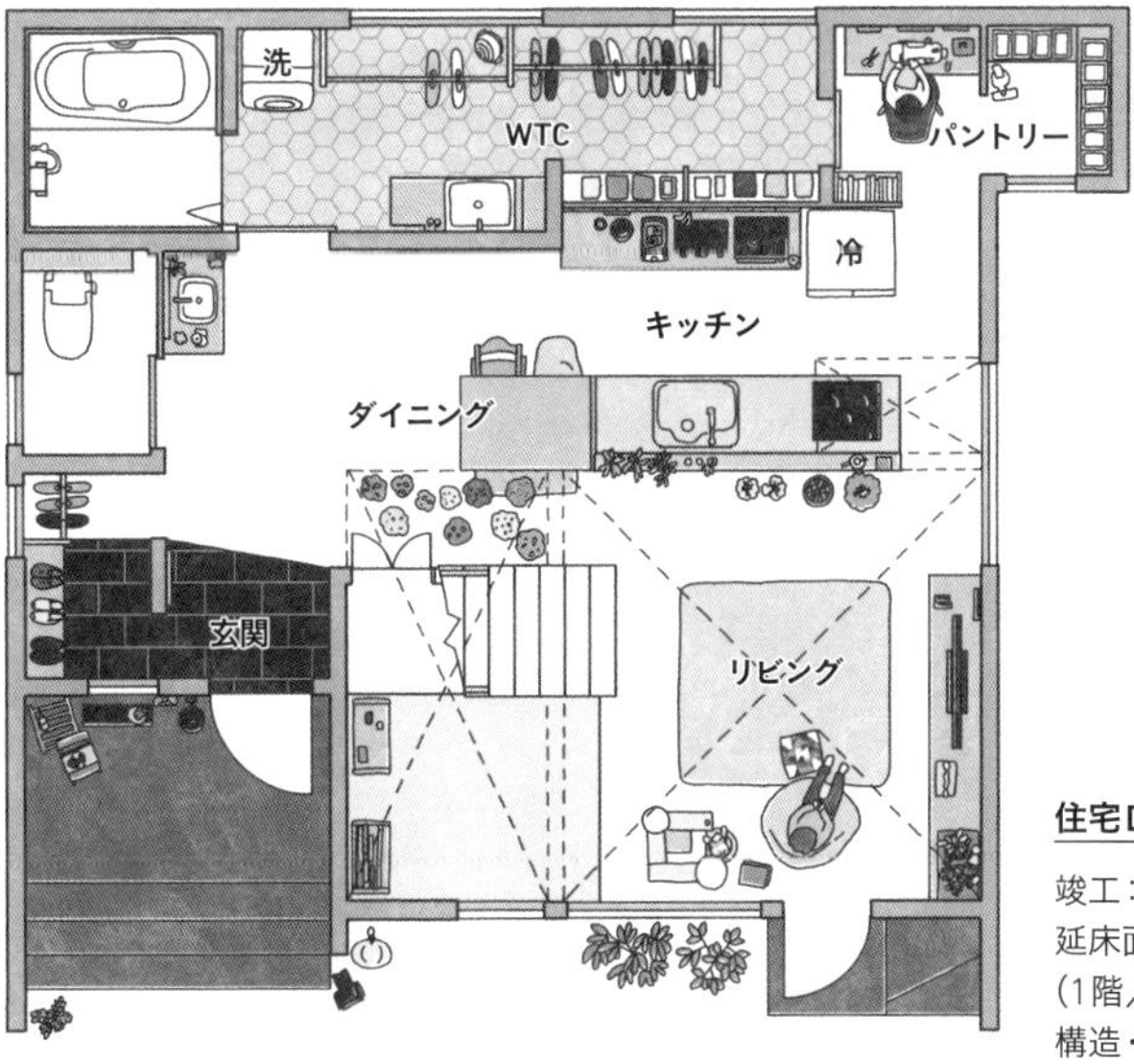

1F

住宅DATA

竣工：2019年10月
延床面積：91.67㎡（27.72坪）
（1階／56.16㎡　2階／35.51㎡）
構造・工法：2階建て（木造軸組工法）
設計・施工：共感住宅ray-out

アトリエの並びに
クロゼットや洗濯室を配置したので
ながら家事もできます

夕食の準備や家の片づけをしながら、合間に自分の好きなことを楽しみたいけど、家事に時間をとられて思うようにいかない……。秋屋さん邸はパントリーにアトリエを設けたことで、そんな悩みを解決しました。キッチンや洗濯室から近いので、ながら作業ができます。パントリーの半畳ほどの空間を生かした、無駄のないスペース活用術もお見事。

椅子を置いているコーナーがアトリエで、対面にはお気に入りの本を収納した書棚を配置。アトリエが読書スペースにもなるそう。

吹き抜けのリビングに対してキッチンは下がり天井にしたことで、空間にメリハリが。キッチンの右奥がアトリエです。

廊下を広くとって書斎を設けました

書斎を設けたいけど、個室をつくるだけのスペースがない場合、廊下の一角に設けるのも手です。秋屋さん邸では階段を上がった2階の廊下の小スペースをご主人の書斎に。その際、コンセントを設けることで電化製品も使いやすくなり、楽しみの幅が広がります。

ロッキングチェアを置き、ラグを敷いて部屋風に。静かでほどよい狭さが、落ち着いて読書をするのにぴったりとか。

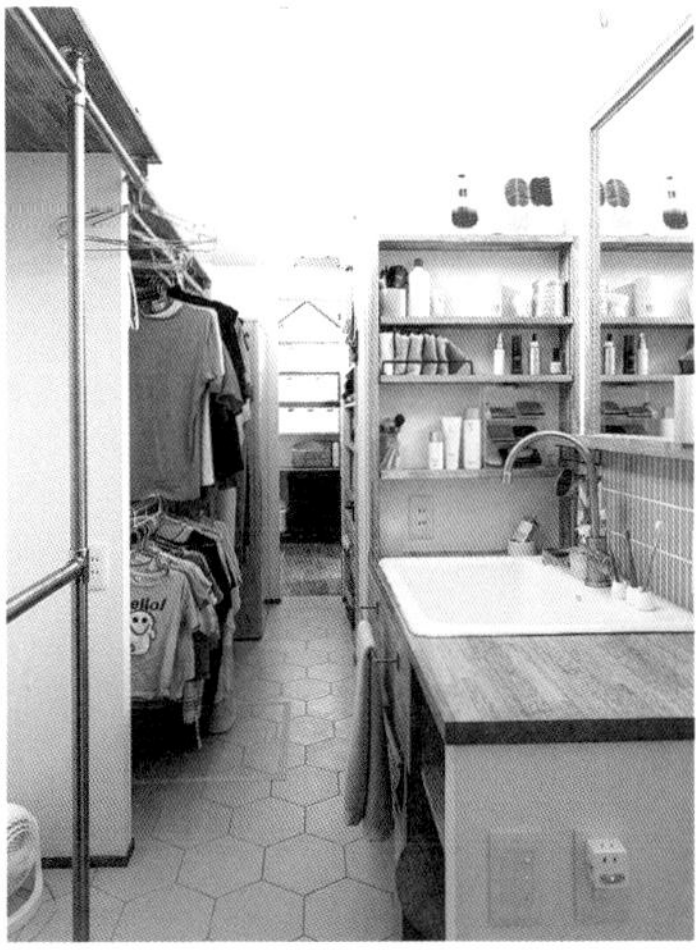

奥のパントリーからウォークスルークロゼット、洗濯室までが一直線上にあるため、洗濯や片づけを効率よくこなせるそうです。

オフ時間を
楽しめる家
21

夜空を眺めながらホームパーティがしたい

たくさんの人が集える屋上テラスを設けた家

平松さん邸

OWNER'S VOICE

お客さまをもてなしやすい間取りにしました

以前は1LDKのアパートに暮らしていた平松さん。友人が訪れてのホームパーティをしょっちゅうしていましたが、手狭に感じていたそう。そんななか、長女が生まれたことを機に家を建てることにしました。ご主人の希望はお客さまと特別な時間をすごせる空間。ガレージの屋上スペースを屋外テラスにすることで実現させました。それに合わせてLDKや手洗い、トイレをテラスのある2階に配置。勾配《こうばい》天井のリビングは開放的で居心地がよく、水まわりが同じフロアにあるのもお客さまに好評だそう。「フラットキッチンはテーブル代わりにもなるので楽しく料理できます」と奥さまも満足げです。

FLOOR PLAN

夫婦と子どもが暮らす平松さん邸。2階のテラスやＬＤＫのほか、1階の動線のよさも見どころです。玄関からシューズクローク、サニタリー、WICと1本でつながるので、帰宅時も身支度もスムーズに動けます。

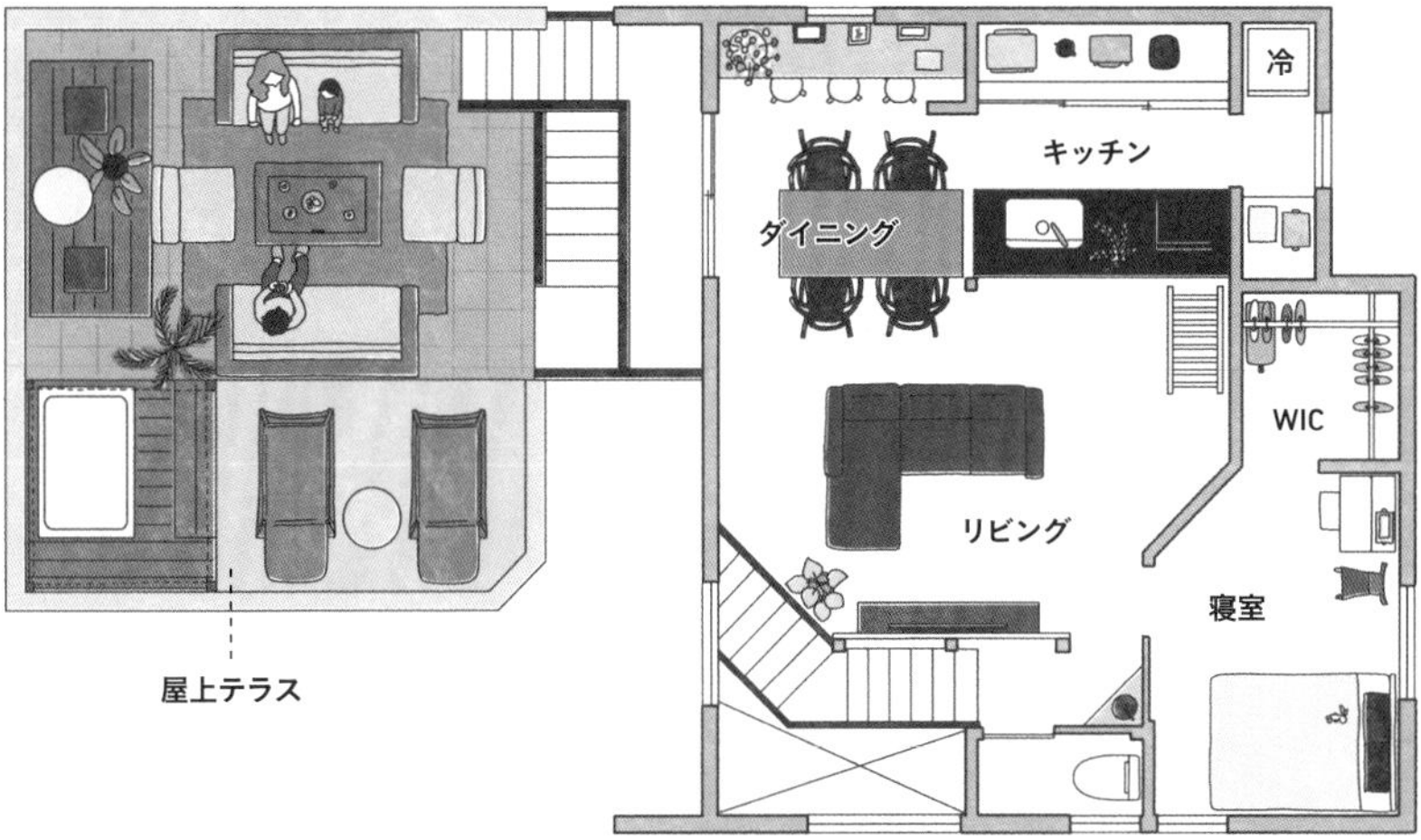

2F

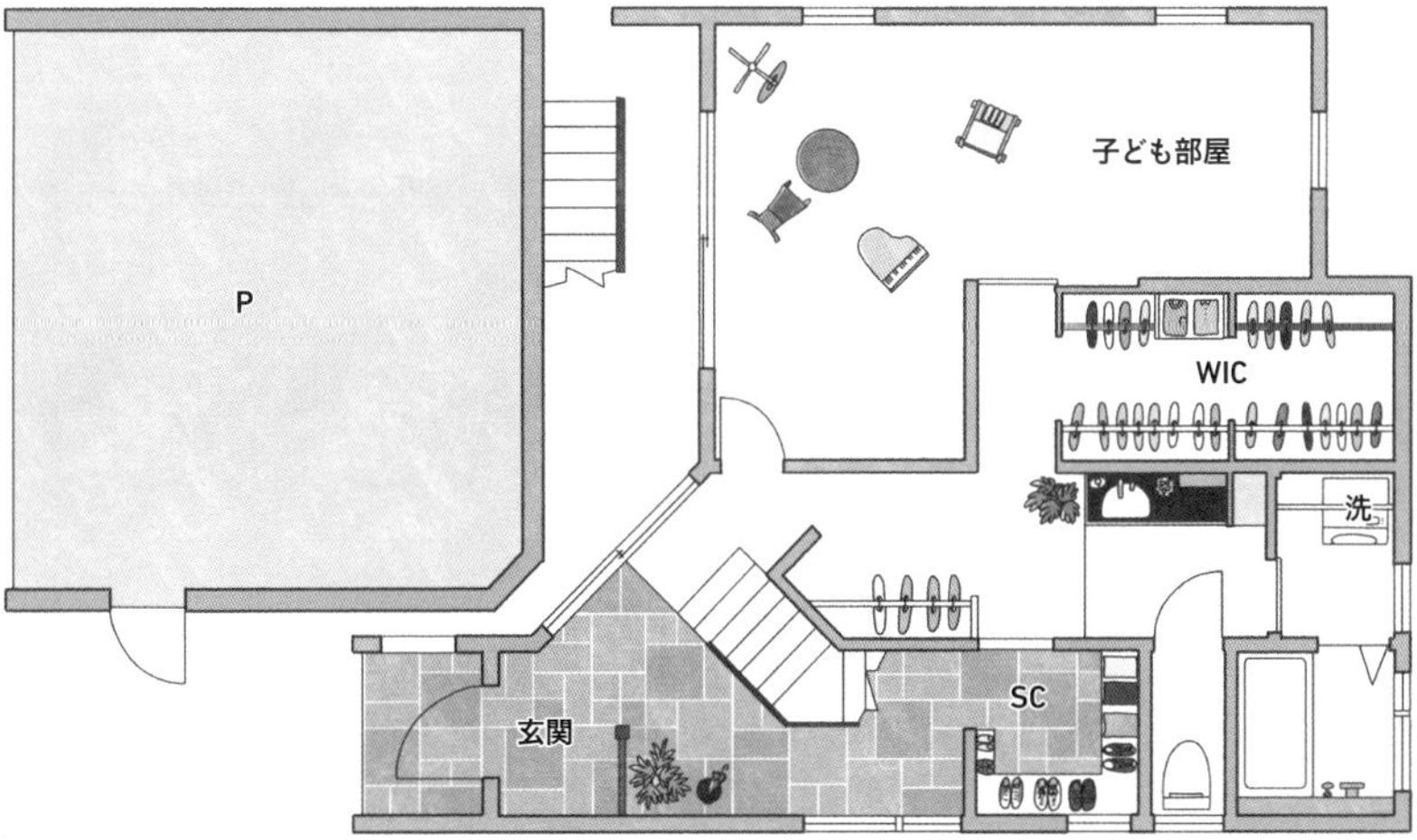

1F

住宅DATA

竣工：2017年5月
延床面積：114.16㎡（34.53坪）
（1階／62.93㎡　2階／51.23㎡）
構造・工法：2階建て（木造軸組工法）
設計・施工：ウイングホーム（平松建工）

外壁を高くすることで外からの視線も気にならず自分の時間をすごせます

洗濯物を干したり、ガーデニングを楽しんだりと屋外ならではの楽しみがあるテラス。平松さん邸ではホームパーティ用の空間として活用しています。水道管を引き、テラスの一角にジャグジーを設けたので、子どもの水遊び場としても。周囲から見えないよう、プライバシー対策は必要。平松さん邸では高さ1・5mほどの壁を作りました。

屋上テラスに合わせて2階にLDKを配置。キッチンの並びにテーブルを置いたので、来客時もおもてなししやすいそう。

約32㎡の屋上テラス。雨にさらされるので、ソファやテーブルはエクステリア用のものをチョイス。

PART 3

家事や支度に時間をとられたくない！

タイパのいい動線12

好きなことに時間を注いだり、集中したりするために
掃除や洗濯、身支度などはできるだけ早く済ませたいですよね。
そこで、効率よく家事や支度をこなすために考えられた
動線のいい間取りをご紹介します。

帰宅動線❶

玄関と手洗い場の間にクロゼットを配置

外から帰宅してリビングやキッチンに入る前に、まずは上着を脱ぎたいですよね。そこで、玄関の近くにクロゼットを配置する間取りをおすすめします。上着をかけ、次に手を洗えるよう、クロゼットをウォークスルーにしてサニタリーとつなげると動きに無駄がありません。また、サニタリーからLDKへの動線を設けることで、キッチンに直接入れ、夕食の準備にすぐに着手できます。この間取りなら、朝食を食べて、歯磨きし、クロゼットで着替えて外出するという朝の身支度もしやすくなります。

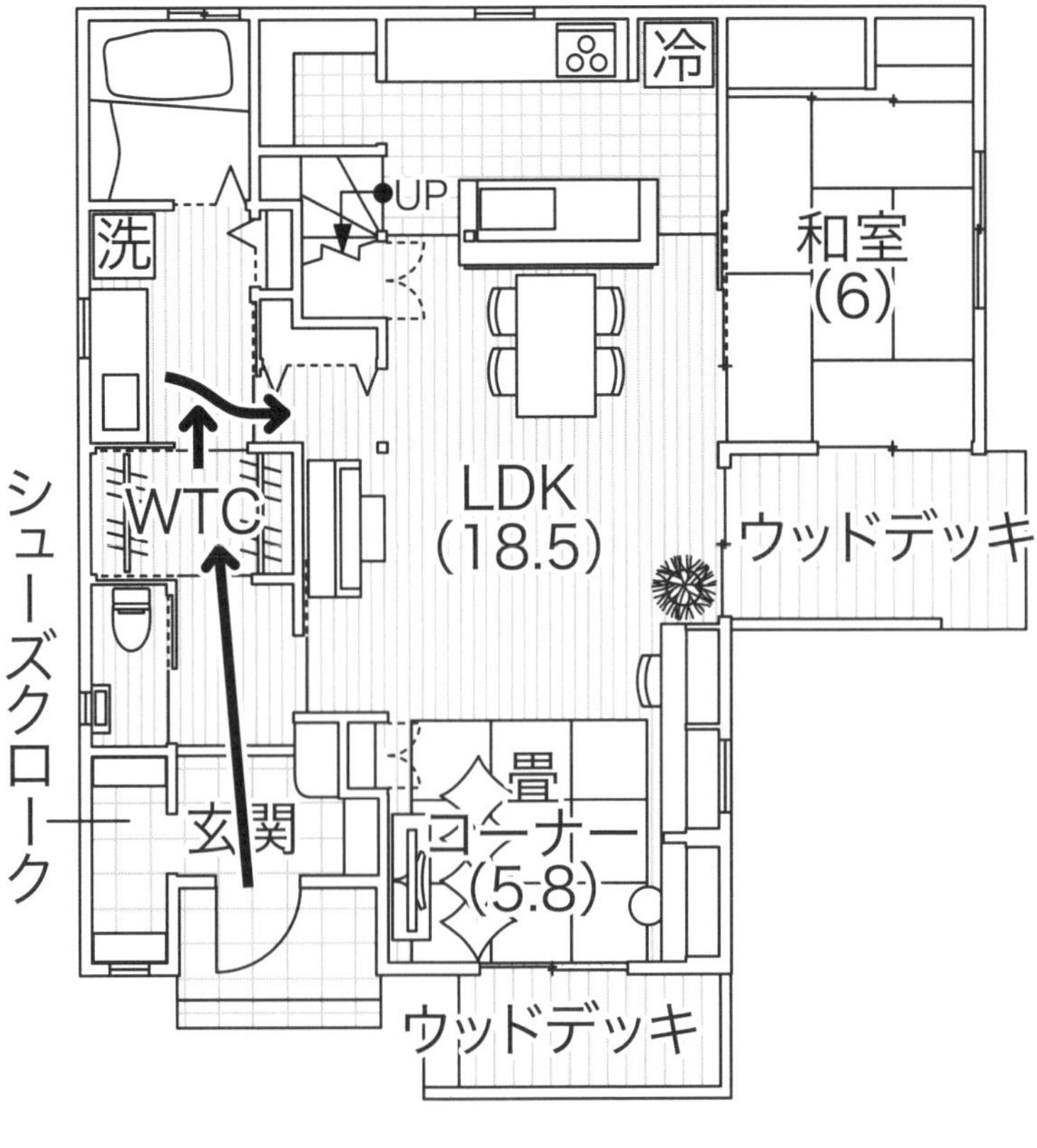

※( )内の数字は畳数です。

帰宅動線❷

手洗い場とトイレを玄関のそばにつくる

帰宅後、いちばん最初にするのが手洗い。コロナ禍をきっかけに衛生面に気をくばる人がふえ、玄関やその近くに手洗いシンクを設置するのは近年の住宅の新定番になってきています。特に、小さな子どもがいる家庭での採用率は高く、子どもが帰宅したら手を洗ったり、うがいをする習慣を身につけさせるのにいいのだそう。その際、トイレを近くに配置してあげると、トイレが近い子どもにも安心。すっきりした状態で、リビングに入れます。

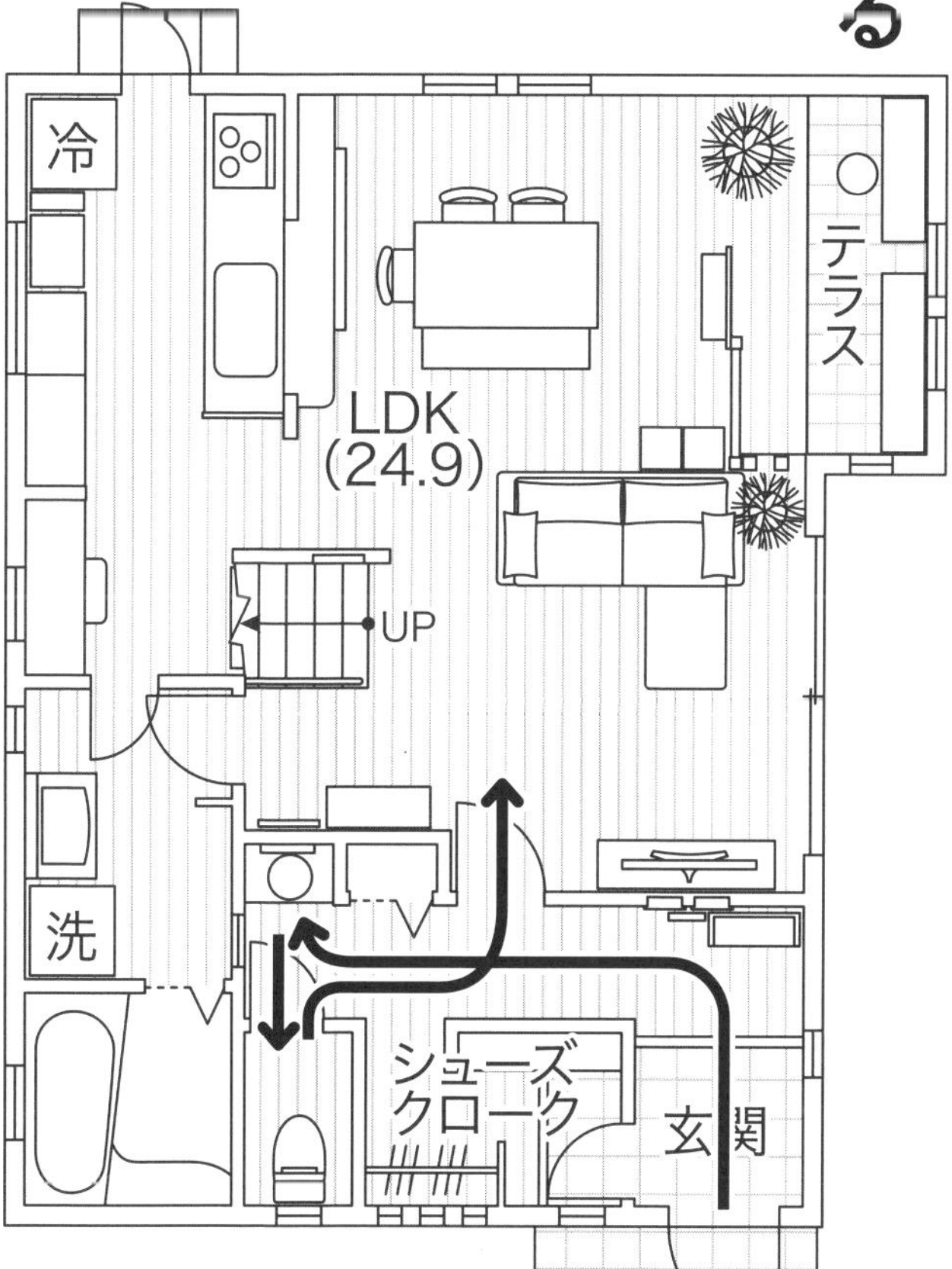

掃除動線❶

8の字動線でフロア全体を自由に移動しやすくする

重たい掃除機をかけながら、家じゅうを歩きまわるのは大変。部屋が細かく分かれていたり、家の面積が広かったりすると、負担もより大きくなります。そんな掃除をスムーズに済ませるために必要なのは、行き止まりをつくらないこと。こちらの物件は面積が広く、仕切りも多いのですが、パントリー、LD、和室それぞれに2つの出入り口をつくったので、行ったり来たりがなく、効率的に動けます。ルートが複数あるので、日によって変えれば気分転換にもつながります。

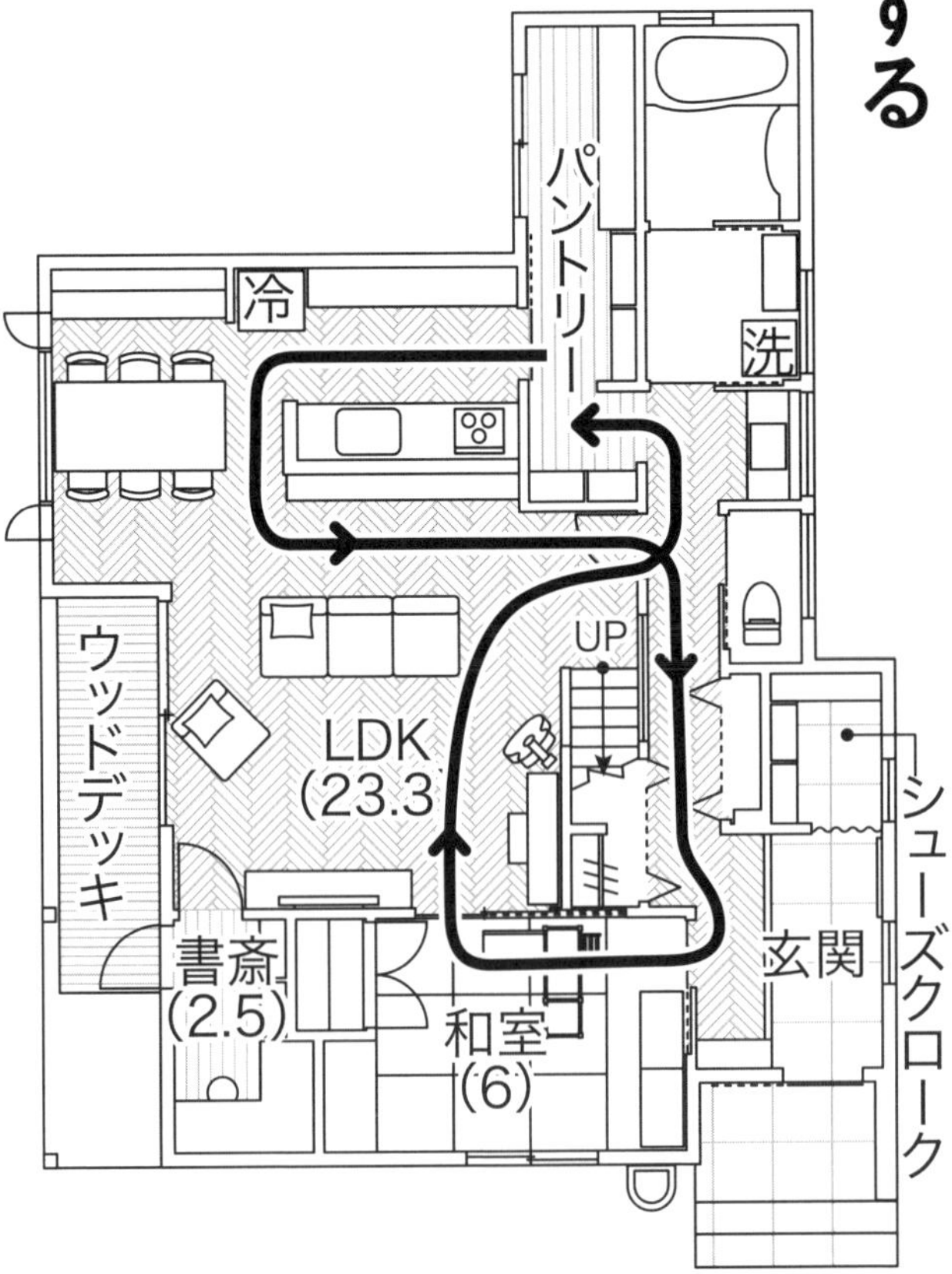

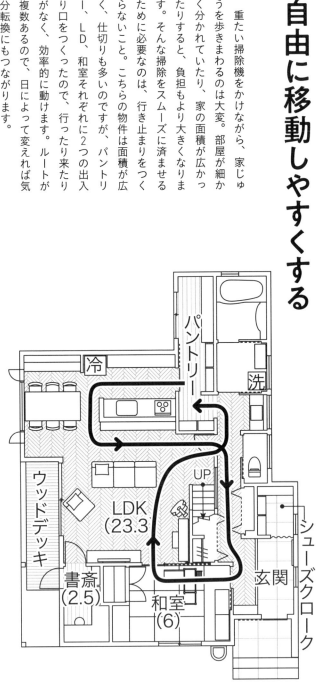

掃除動線❷

個室と個室をつなぐWTCを採用する

行き止まりをつくらないことが掃除動線をよくする方法ですが、難しいのが個室です。通常、出入り口は1つのみなので、同じ場所を2度通ることになってしまいます。そんな問題を解決する方法として、ユニークな間取り実例があります。こちらの物件は1階に個室を2カ所設け、その間にウォークスルーのクロゼットをつくりました。服の収納を1カ所にする目的で考えたアイデアですが、クロゼットから隣の個室へ移動できるため、掃除にももってこいの動線です。

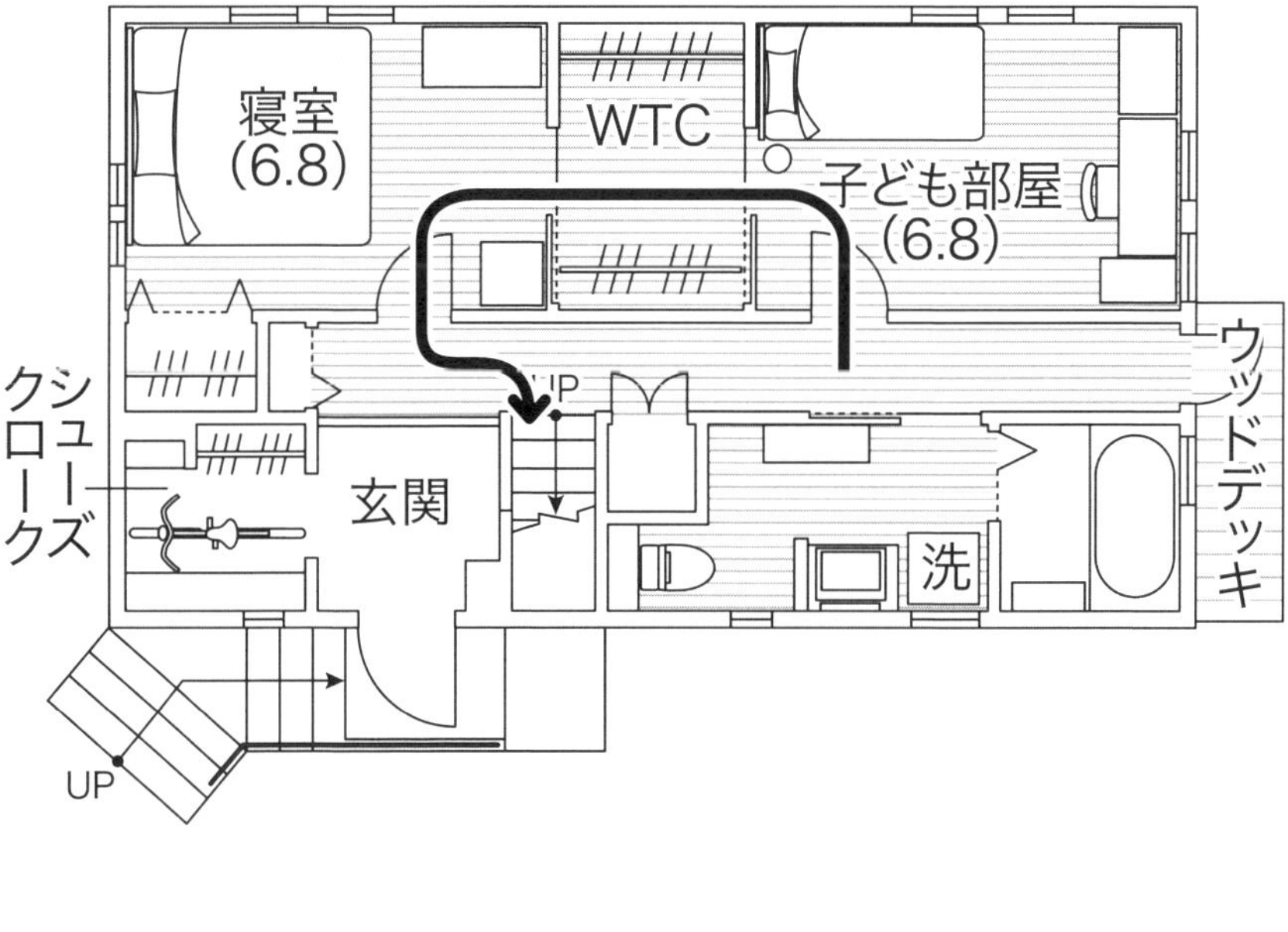

洗濯動線❶

バルコニーに出入り口を2カ所用意する

洗濯動線をよくするアイデアとして多いのが、洗濯室と物干し場を近くに配置すること。洗ったらすぐに干せるので移動の負担を減らせますが、乾いた洗濯物をクロゼットにしまう動線も短くできると、よりラクです。バルコニーで洗濯物を干す場合、バルコニーの出入り口が1カ所だと、たくさんの洗濯物を抱えて各部屋を歩きまわる必要があります。けれど、個室に面した出入り口を2カ所つくれば、部屋ごとに服をしまえるので、手間も時間も大きく減らせます。

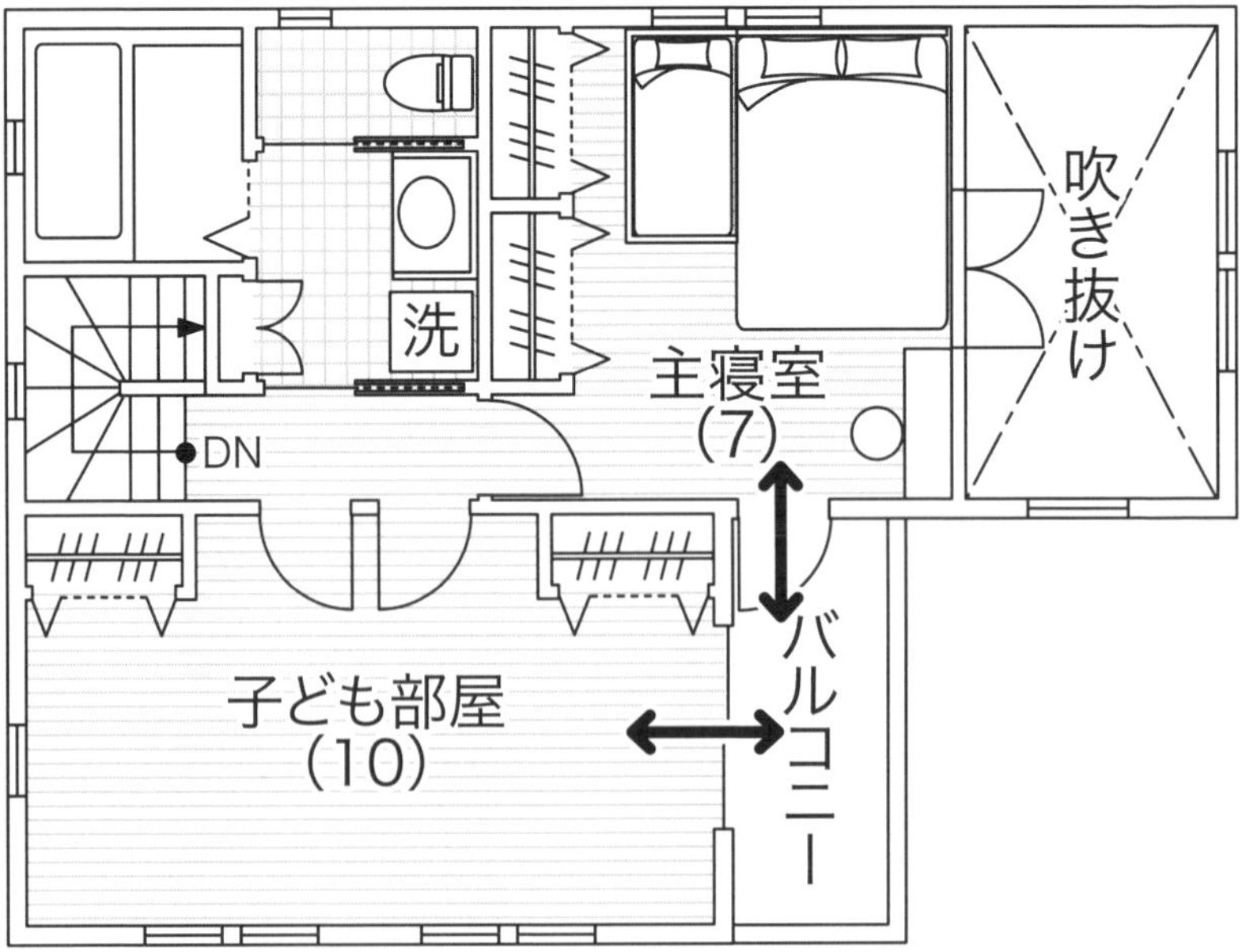

洗濯動線❷

洗濯室とWICを隣接させる

洗濯動線を短くするには、洗う、干す、しまうを近くでできるよう、1カ所に集約することが大切。こちらの物件は洗濯機のあるサニタリーに勝手口をつくり、屋外物干し場に出られるようにしました。サニタリーの隣にウォークインクロゼットを設けたので、乾いた洗濯物を取り込んだらすぐにしまえます。ファミリークロゼットなので、服を各部屋に持っていく手間もなし。タオルや下着などをたたむ台をつけたのもいいアイデアです。

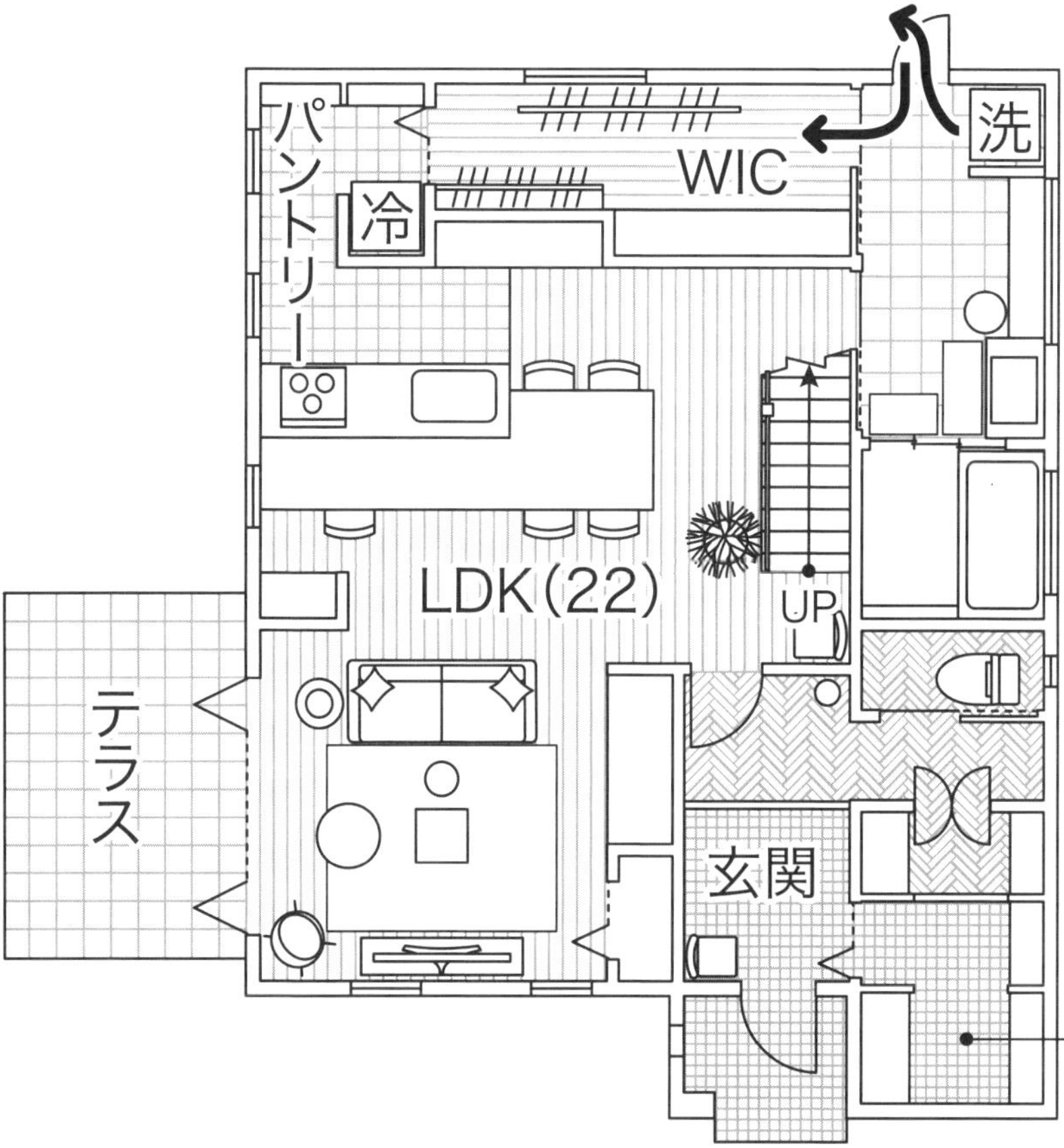

ふとん干し動線❶

主寝室に奥行きがあるバルコニーを配置

生活動線を考えるうえで、見落としがちなのがふとんを干す作業。月に1回干す人もいれば、毎日干す人もいます。重たくて大きなふとんを物干し場まで持っていくのはひと苦労。それが毎日のことなら、なおさらです。そこで、寝室とバルコニーをセットでつくると負担を大きく減らせます。家族の人数が多いほど、ふとんを干す場所や取り込むための作業スペースが必要なので、バルコニーに奥行きがあると、よりラクです。

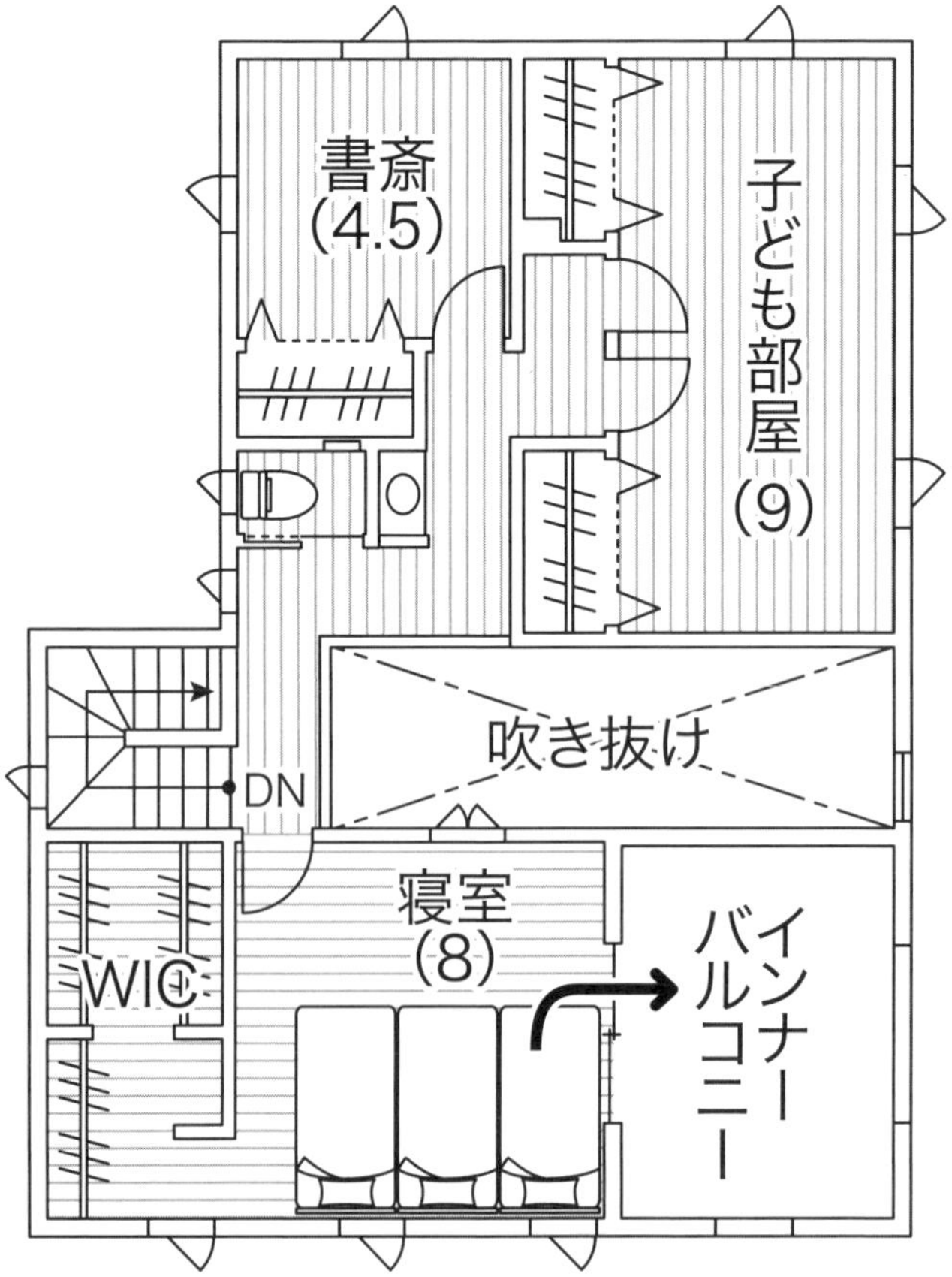

ふとん干し動線❷

部屋ごとにバルコニーを設ける

子どもが小さい時期は家族で同じ部屋に寝ますが、成長すると、それぞれの部屋で寝るようになります。ふとんを干すバルコニーが1カ所しかない場合、各部屋にふとんを取りに行かなければなりません。干したあと、取り込むときも同様の手間がかかります。そこで、こちらの物件のように各部屋にバルコニーを設けると作業がラクです。バルコニーを設ける予算がない場合は、窓の外部につけるふとん干し用バーがおすすめ。

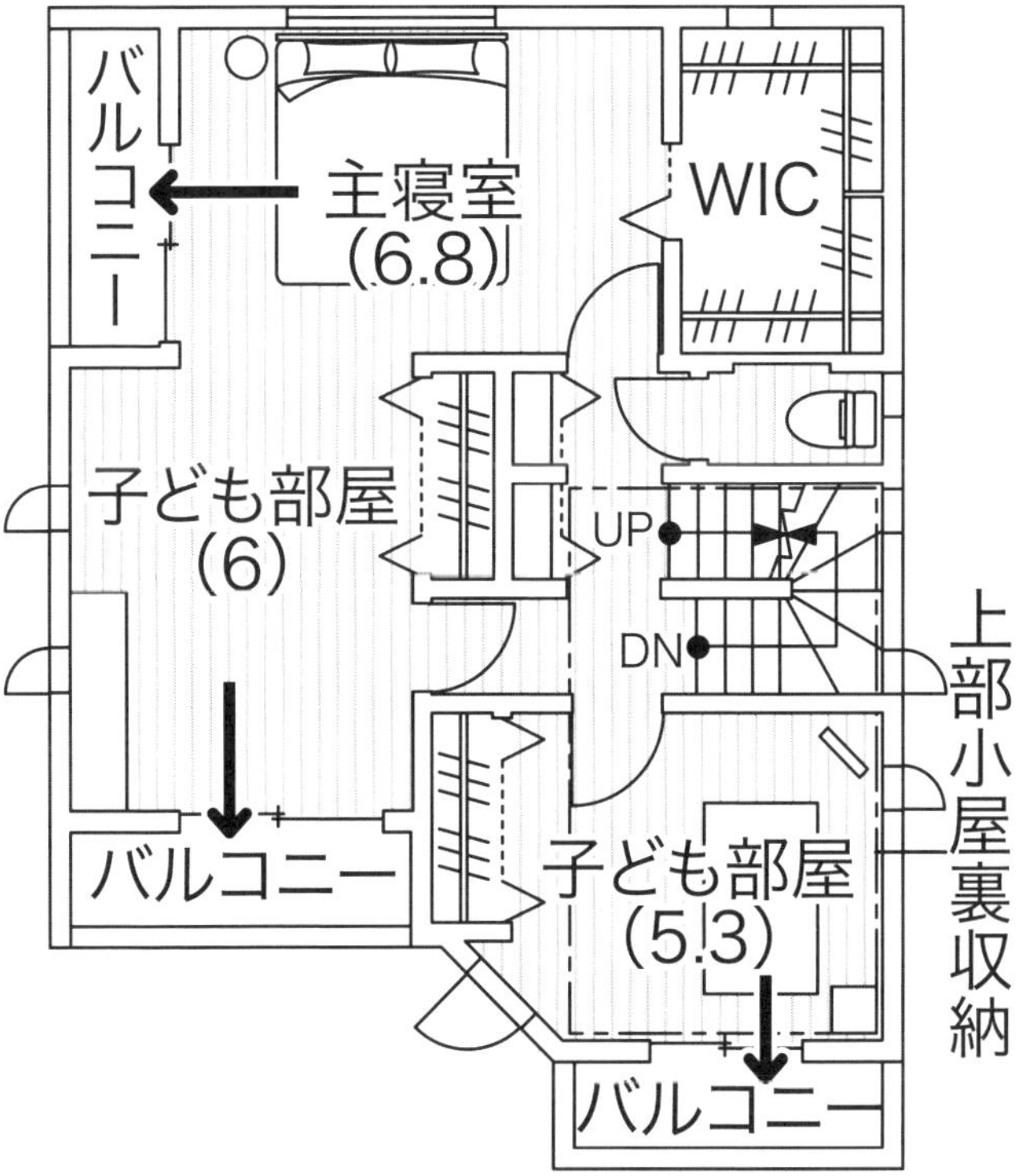

ふとん干し動線❸

吹き抜けの手すりをふとん干し場に生かす

晴れた日はふとんを天日干ししたいですよね。けれど、予算や周辺環境の問題からバルコニーや屋外に干す場所を設けられないというケースもあります。解決策のひとつがサンルーム。けれど、スペースもコストも必要になります。そこで、おすすめなのが吹き抜けの手すりを利用する方法です。採光のいい場所に設けることが多いので、手すりにかけておくだけで日光に当てることができます。室内なので、急な雨でも安心。

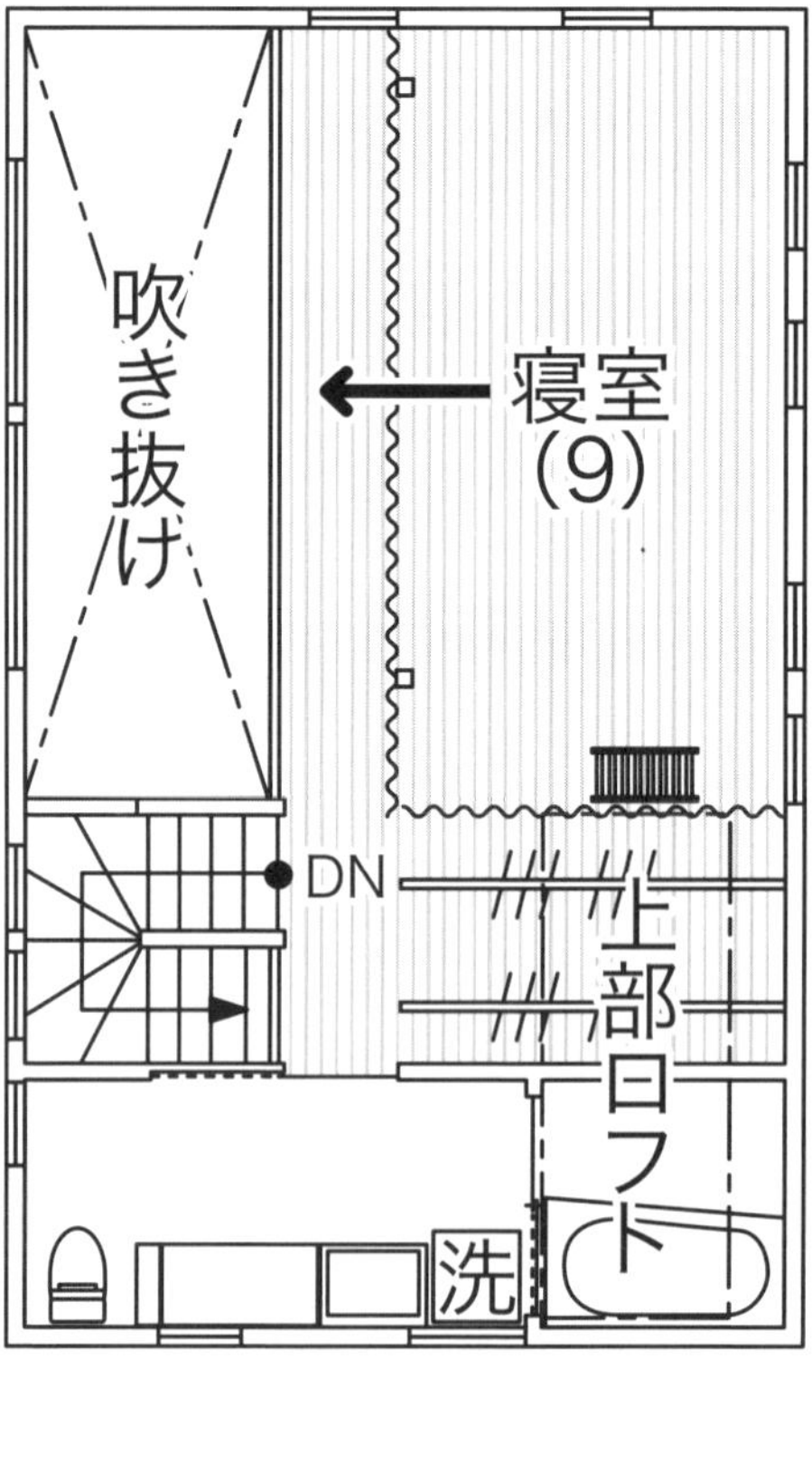

ゴミ出し動線

キッチンに勝手口を設ける

ゴミ箱の置き場として多いのがキッチンです。でも、キッチンと玄関が離れた場所にある間取りの場合、ゴミ袋を持ってリビングや廊下などを通ることになるため、部屋にニオイが広がりやすく、ソファでくつろぐ家族からもいい顔をされません。そこで、キッチンに勝手口をつくりましょう。勝手口から建物の外を通ってゴミ置き場に行けるので、ニオイを気にしなくてよく、動線も短くて済みます。また、買い物から帰宅したときのルートとしても役立ちます。

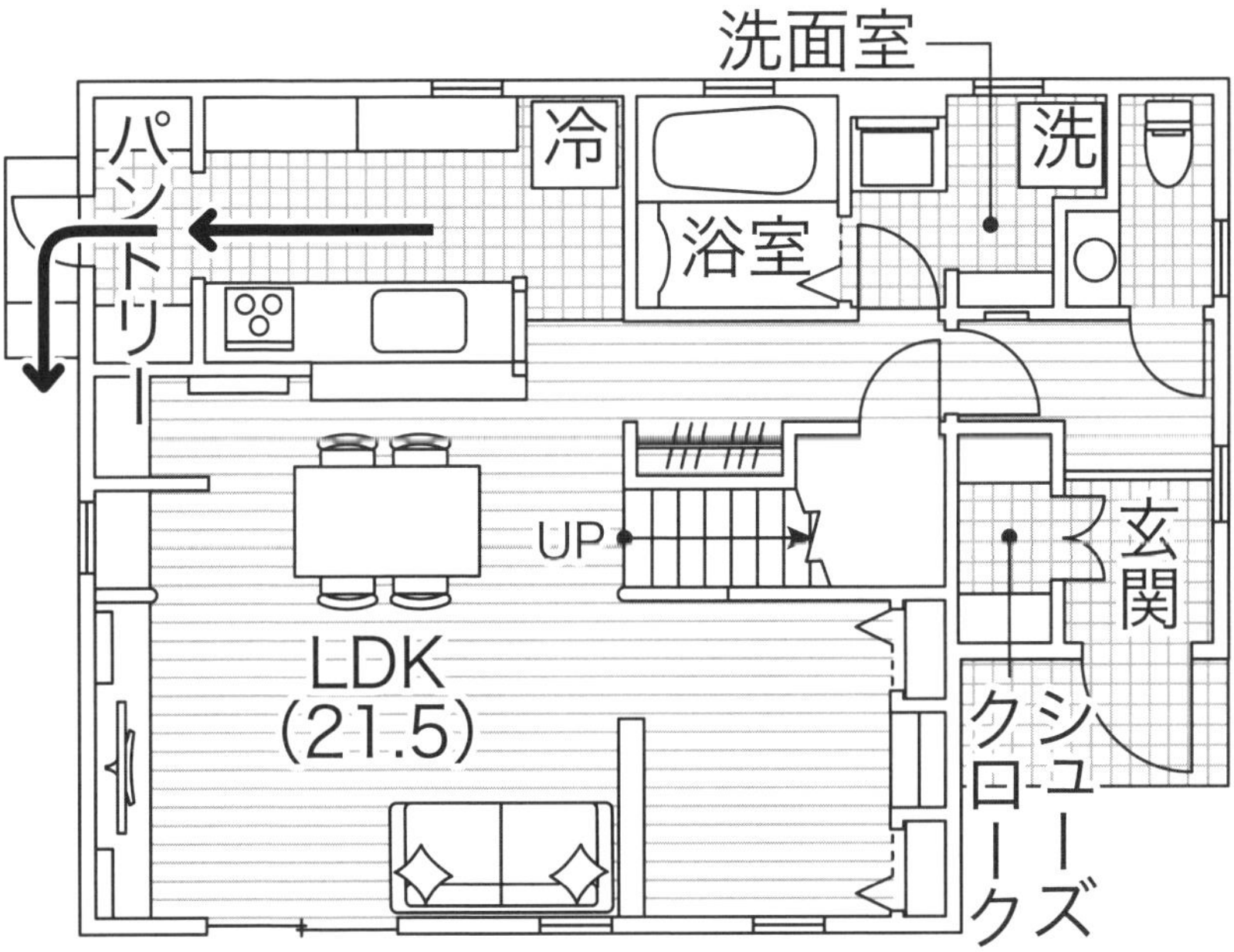

身支度動線❶

玄関のそばにクロゼットを配置

時間がない朝こそ、いかに効率よく身支度できるかが鍵になります。こちらの物件は、まず2階にあるDKで食事をして1階に下り、サニタリーの洗面所で顔を洗ったり歯磨きしてから、隣のクロゼットで着替えて外出、という動線をつくりました。ポイントはサニタリーとクロゼットが近く、しかも玄関のそばにあること。家の中を余計に動きまわることなく最短距離で外出できます。

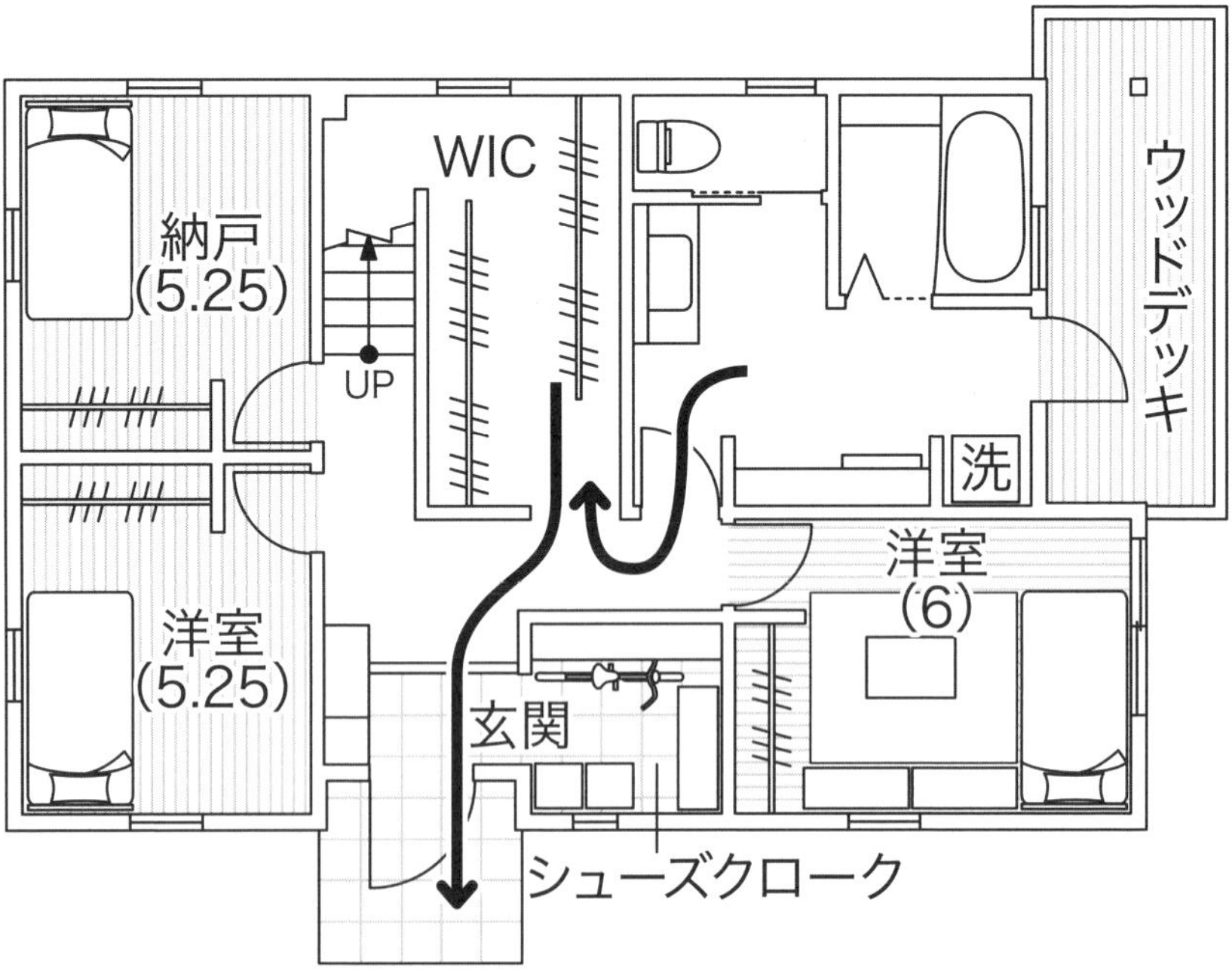

身支度動線❷

サニタリー内に仕事着専用のクロゼットを設ける

身支度をスムーズに進めるための究極の理想は、サニタリーとクロゼットを合体すること。こちらの物件は、それを実現しました。仕事でスーツを着るというご主人のために、仕事着のクロゼットをサニタリーの一角に設けました。大きいクロゼットは間取りに制限が出やすいですが、コンパクトサイズならつくりやすいもの。この配置なら、洗面所で支度したら着替えて玄関に行くだけなので、余裕をもって出勤準備ができます。

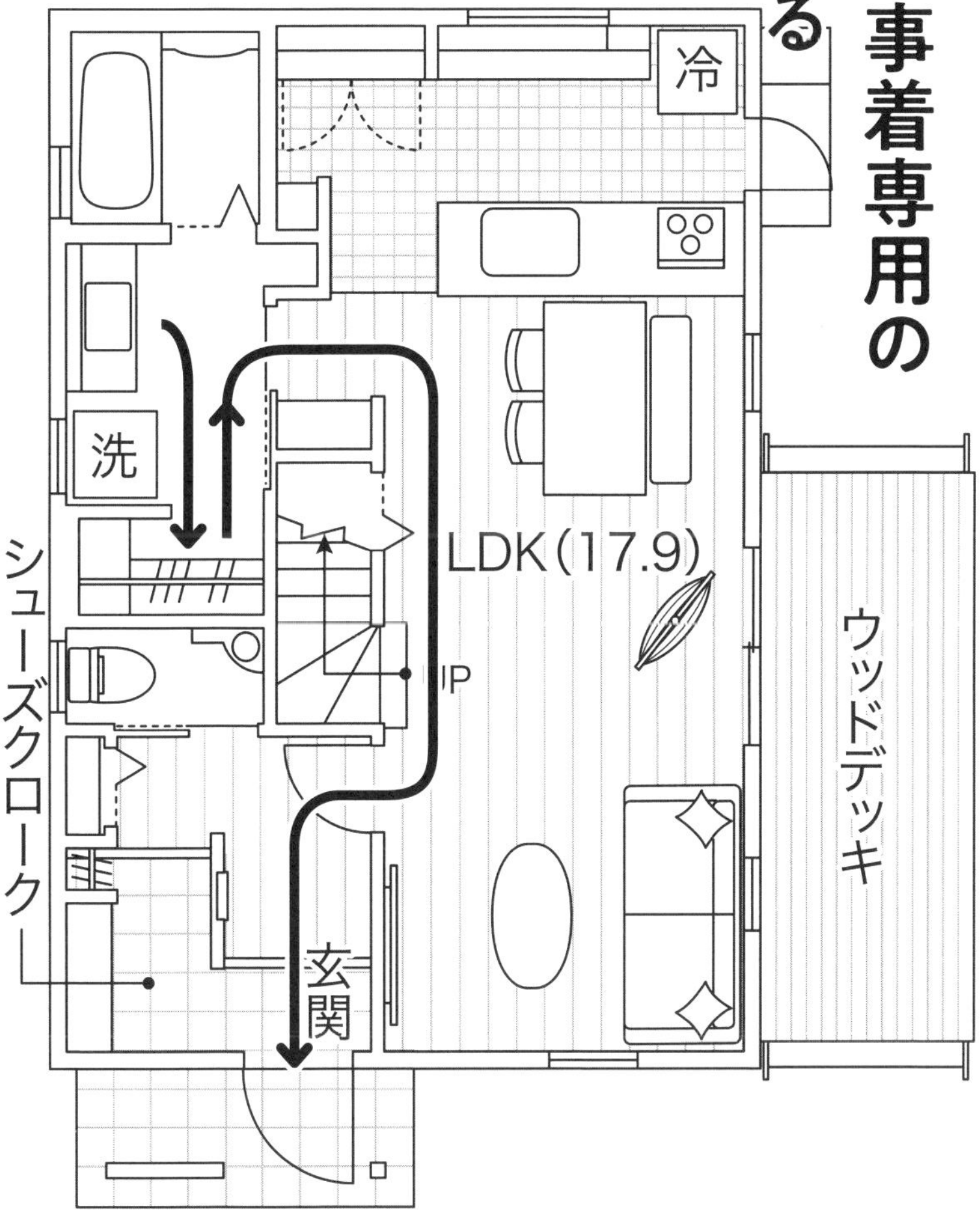

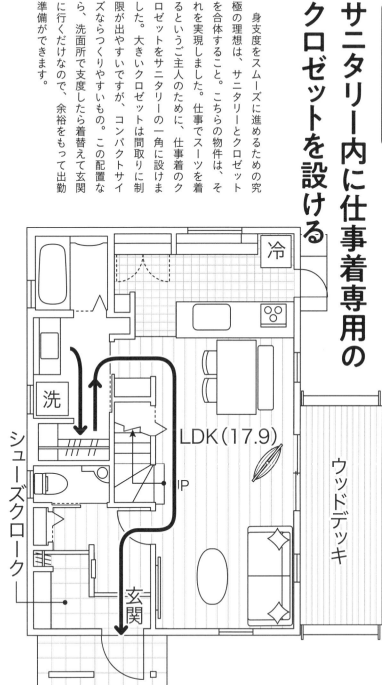

建築会社リスト

(五十音順)

ウイングホーム(平松建工)

愛知県東海市大田町畑間71-1
掲載⇒p.126～

エヌスケッチ

新潟県新潟市中央区神道寺3-2-12
ハイム神道寺2A
掲載⇒p.72～

オレンジハウス

東京都武蔵野市御殿山1-3-7
エフアイビル2階
掲載⇒p.40～、p.110～

共感住宅ray-out

愛知県額田郡幸田町
大字久保田字釜谷7-26
掲載⇒p.122～

湖都コーポレーション

滋賀県野洲市小篠原1992-5
掲載⇒p.76～

コラボハウス一級建築士事務所

愛媛県松山市東本1丁目6-10 2階
掲載⇒p.48～、p.52～、p.86～、p.100～

土屋建設

🏠 北海道伊達市舟岡町13-23

掲載⇒p.106～

ニコ設計室

🏠 東京都杉並区上荻1-16-3
森谷ビル5階

掲載⇒p.34～

HUGHOME

🏠 埼玉県川口市木曽呂976

掲載⇒p.28～、p.58～、p.80～

福井建設

🏠 山形県山形市蔵王成沢959

掲載⇒p.62～、p.92～、p.118～

BROOK

🏠 秋田県秋田市卸町5-1-8

掲載⇒p.68～

ムラヤマ

🏠 長崎県諫早市仲沖町21-1

掲載⇒p.96～、p.114～

STAFF

撮影　東 泰秀　清永 洋　松村隆史　三村健二

取材　大勝きみこ　小林 繭

間取り図　池谷夏菜子（p.29～127）　長岡伸行（p.130～141）

イラスト　ナカオテッペイ

デザイン　菅谷真理子（マルサンカク）

校正　福島啓子

編集　大西逸平

※本書は新規取材に加え、『30代夫婦が建てたナチュラルで子育てしやすい家』（2017年）、『子育て世代が2000万円台で建てるナチュラルスタイルの家』（2018年）、『30代夫婦が建てたナチュラルな暮らしを楽しむ家』（2019年）、『30代夫婦が建てたナチュラルで明るい家』（2020年）、『30代夫婦が建てたナチュラルな家』（2021年）、『間取りがおもしろい平屋』（2022年）の記事を大幅に再編集したものです。本書に掲載した設備機器や建具などのメーカー名は取材当時の情報です。同じ商品を購入できるとは限りません。ご了承ください。

オフ時間が充実している 今どき家族の攻め間取り

編集人　森 水穂

発行人　倉次辰男

編　者　株式会社主婦と生活社

発行所　株式会社主婦と生活社

〒104-8357　東京都中央区京橋3-5-7

編集部　03-3563-5191

販売部　03-3563-5121

生産部　03-3563-5125

https://www.shufu.co.jp/

製版所　東京カラーフォト・プロセス株式会社

印刷所　大日本印刷株式会社

製本所　小泉製本株式会社

ISBN978-4-391-16154-0